저출생과의 전쟁

국내편

저출생과의 전쟁 (국내편)

2024년 11월 29일 1판 1쇄 발행

지 은 이 (사)행복한출생 든든한미래
발 행 처 (주)기독교텔레비전
주　　소 서울특별시 동작구 노량진로 100(노량진동)
홈페이지 www.happyfuture.kr

I S B N 979-11-85765-36-5 (94330)
　　　　　 979-11-85765-34-1 (세트)
　　　　　 값 16,000원

저출생과의 전쟁

(사)행복한출생 든든한미래

국내편

행복한 출생 든든한 미래
사단법인

일러두기

이 책에서는 '저출생'이라는 중립적인 표현을 사용하자는 권고에 따라 '저출산'을 '저출생'으로 대체했다. 그러나 '출산율'과 같이 개념이 고정된 일반 명사는 그대로 사용했다.

미리 내다보고 준비하는 사람이 있기 마련입니다. 사단법인 '행복한 출생 든든한 미래'의 감경철 이사장님이 그런 분입니다. 감 이사장님은 오늘날 대한민국이 직면한 '저출생'이라는 국가적 위기 상황을 이미 20여 년 전부터 예견해 왔고, 이를 해결하기 위해 다양한 활동을 해오셨습니다.

2006년 '생명과 희망의 네트워크', 2010년 '출산장려국민운동본부', 2022년 '저출생대책국민운동본부', 2023년 '행복한 출생 든든한 미래'를 발족해 각종 심포지엄 및 포럼 개최, 대국민 캠페인 전개 등을 통해 국민들에게 저출생의 위기를 진작부터 알려왔고, 대안을 모색해 오셨습니다.

저출산고령사회위원회 부위원장으로 취임한 뒤부터 저는 현장에서 감 이사장님을 자주 뵐 수 있었습니다. 오랜 세월 저출생 위기 극복을 위해 부단히 노력해 온 분이 있다는 사실에 감사했고, 미래를 내다보는 혜안과, 위기 극복을 위한 지속적인 실천이 얼마나 중요한지를 새삼 깨달았습니다.

이번에 출판하게 된 『저출생과의 전쟁』 또한 지속적인 실천의 연장선상에 있습니다. 이 책은 저출생에 대한 국내 사료는 물론 해외 저출생 위기 극복의 사례와 대안을 집대성하여 저출생 해법에 대한 혜안과 통찰을 제시하고 있습니다. 저는 이 책이 우리 사회가 직면한 인구문제 해결에 큰 기여를 할 것이라 확신합니다.

부디 『저출생과의 전쟁』이 우리 사회에 저출생 극복을 위한 건강한 결혼 · 임신 · 출산 · 양육 문화를 확산시키는 소중한 계기가 되길 바라며, 앞으로 중앙정부, 지자체 그리고 기업이 마련할 저출생 대책과 일 · 가정 양립 문화 확산에 귀중한 참고자료가 되기를 기대합니다.

『저출생과의 전쟁』 출판을 진심으로 축하드리며, 감 이사장님과 사단법인 '행복한 출생 든든한 미래'의 무궁한 발전을 기원합니다. 감사합니다.

저출산고령사회위원회 부위원장

주 형 환

안녕하세요. 국가교육위원회 위원장 이배용입니다.

CTS 기독교TV가 지난 20여 년간 깊은 관심을 갖고 해법을 모색해 온 저출생 문제를 종합적으로 담은『저출생과의 전쟁』의 발간을 진심으로 축하드립니다. 이 책은 우리 사회의 가장 시급한 현안인 저출생 문제를 시의적절하게 다루고 있습니다. 국내편에서는 현재 우리나라가 직면한 저출생 문제가 어디서부터 어떻게 시작되었는지, 그리고 앞으로 초저출생 시대가 어떤 모습일지를 보여주고 있으며, 해외편에서는 저출생을 경험한 여러 국가들의 사례를 제시하고 이를 통해 우리나라가 어떻게 저출생 문제에 접근해야 할지에 대해 이야기하고 있습니다.

저출생 문제는 대한민국의 미래와 직결된 사안이라고 해도 과언이 아닙니다. 저출산 문제 해소를 위해서는 근본적 해법이 필요하며, 가장 중요한 것은 당사자인 청년들과 젊은 기혼자들의 목소리를 경청해서 저출생 관련 대안을 마련해야 한다는 것입니다. 젊은 세대의 삶의 방식과 인식이 과거와는 달라졌기에 현장 목소리에 귀를 기울이고 젊은 세대들의 요구가 무엇인지 살피는 것이 중요합니다.

『저출생과의 전쟁』은 현시대를 살아가는 세대들의 관점에서 저출생 문제를 바라보고 있으며, 교육, 보육, 일자리 등 사회 각 분야가 모두 힘을 합쳐 저출생 문제 해결을 위해 노력해야 함을 강조하고 있습니다.

우리 국가교육위원회에서도 저출생 문제를 대한민국 미래교육에 가장 중요한 화두 중 하나로 보고 있으며, 이를 극복하기 위한 다양한 논의들을 이어나가고 있습니다. 위원회 산하에 저출생 교육개혁 특별위원회를 구성·운영하여, 유례없이 빠르게 악화되는 저출생 문제에 대응하여 교육을 통한 완화방안과 저출생 시대에 우리 미래교육이 나아가야 할 방향을 모색하고 있습니다.

저출생 문제 해결을 위해서는 결혼과 출산, 양육에 대한 사회적 인식개선이 무엇보다 중요합니다. 저출생의 심화로 우리 사회의 지속가능성이 위협받는 이 시점에서 "저출생과의 전쟁"은 단순한 현상 진단을 넘어 우리 국민 모두가 저출생 문제에 대해 보다 경각심을 가지고 함께 해결책을 모색해 나가는데 큰 도움이 될 수 있을 것이라 생각합니다. 다시 한번 『저출생과의 전쟁』 발간을 축하드리며, 『저출생과의 전쟁』이 사람들에게 '함께 사는 삶'의 중요성을 다시 한번 깨닫게 해주는 중요한 계기가 될 수 있기를 기대합니다.

발간을 위해 애쓰신 감경철 CTS회장님을 비롯한 저자 여러분의 노고에 감사의 마음을 전합니다.

국가교육위원회 위원장

이 배 용

추천사

하나님이 자기 형상 곧 하나님의 형상대로 사람을 창조하시되 남자
와 여자를 창조하시고 하나님이 그들에게 복을 주시며 하나님이 그
들에게 이르시되 생육하고 번성하여 땅에 충만하라, 땅을 정복하라,
바다의 물고기와 하늘의 새와 땅에 움직이는 모든 생물을 다스리라
하시니라 (창 1:27-28)

하나님께서 사람을 창조하실 때 하나님의 형상으로 지으신 이유는
복을 주시기 위함이었습니다. 사람은 존재 자체가 복입니다. 생육하
고 번성하여 땅에 충만하고 땅을 정복하며 모든 생물을 다스리라는
명령을 받은 유일한 존재가 바로 사람입니다. 하지만 우리는 하나님
과 함께 하면서 하나님의 형상으로 살아가기보다 세상과 함께하며 하
나님의 명령에 불순종하다 보니 언제부터인가 효율성을 따릅니다. 하
나님의 말씀보다 세상적인 원리가 삶을 지배하고 있는 것입니다.

저출생 문제는 단순히 대한민국을 살리기 위해서 필요한 것이 아니
라 하나님의 창조 질서를 회복하고 하나님의 형상을 회복하기 위해서
반드시 필요한 일이라 생각합니다. 단순한 사회적 현상을 넘어 국가
의 미래와 직결될 뿐 아니라 하나님 나라의 실현을 위해서도 중대한

이슈입니다.

지난 20년간 저출생 위기를 깊이 성찰하며 해결책을 모색해 온 감경철 이사장님의 노력은 그 자체로 매우 가치가 있습니다. 오랜 시간 대한민국의 미래를 살리는 일에 앞장서며 헌신해 주신 감경철 이사장님과 (사)행복한출생 든든한미래에 진심으로 축하를 드리고, 이 책을 통해 저출생 문제의 심각성을 깨닫고 그 해결을 위해 온 국민이 함께 힘을 모으는 일이 속히 이루어지길 소망합니다.

이번에 출간된 『저출생과의 전쟁』은 대한민국에 닥친 심각한 위기를 타개하기 위해 구체적인 대안을 제시하는 매우 의미 있는 자료입니다. 특별히 국내와 국외의 저출생 문제와 극복의 현황과 사례를 총망라해서 비교할 수 있도록 국내편과 해외편을 함께 출간함으로써 앞으로 우리의 미래를 예측하고 대비하기 위한 좋은 자료가 될 것이라고 생각합니다.

이 책은 대한민국이 처한 저출생 문제의 근본 원인을 분석하고, 사회적, 경제적, 심리적 요인들을 통합적으로 고려하여 실질적인 해결책을 제시하고 있습니다. 교회가 사회적 기관으로서 어떤 역할을 감당해야 하는지, 그리고 과연 성경적인 해법은 무엇인지에 대한 심도 있는 성찰을 이 책에서 찾을 수 있습니다. 하나님이 세우신 공동체인 가정을 향한 따뜻한 시각과 사회적 책임의식을 성경적 가치관을 바탕으로 담아내며, 한 가정의 소중함과 생명의 존엄성에 대해 다시금 깊이 생각하게 합니다.

저출생 문제는 단순히 인구 감소의 문제가 아니라, 미래 세대와 사회 전반의 지속 가능성 여부에 큰 영향을 미치는 사안입니다. 따라서 이 책은 개인과 가정뿐만 아니라, 정책 입안자와 사회 각계각층의 지도자들에게도 큰 도움이 될 것입니다. 『저출생과의 전쟁』은 문제 해결을 위한 담대한 비전을 제시하며, 우리가 다 함께 고민하고 나아갈 길을 분명히 제시하기 때문입니다. 이 책이 많은 사람들에게 읽히고, 저출생 위기를 극복하는 데 기여할 수 있기를 진심으로 바라며 기쁜 마음으로 이 책을 추천합니다.

한국교회총연합 대표회장

장 종 현

우리나라의 지난해(2023년) 합계출산율은 0.72명이었습니다. 1970년 100만여 명이던 신생아 수는 지난해 23만 명에 그쳤다고 합니다. 저출산은 우리 공동체의 미래를 암담하게 만듭니다. 국가의 존폐를 가름하는 중요한 잣대가 될 것입니다. 저출산은 곧바로 인구감소로 이어져 노동력은 부족해질 것이며, 이에 따라 경제 상황은 계속 어려워질 수밖에 없습니다. 소비는 감소하고 세수(稅收) 역시 감소할 수밖에 없습니다. 교육과 복지 시스템의 붕괴와 혼란도 상상 이상일 것입니다. 지방소멸은 미래의 문제가 아니라 이제 현재의 문제가 됐습니다.

어려운 국가적 과제에 그동안 기독교계가 보여주신 노력에 깊은 감사를 드립니다. 20년 전 우리 사회에서 '저출산'의 문제를 심각하게 여기지 않을 때 감경철 이사장님은 높은 혜안으로 출산장려운동을 시작했습니다. 출산장려국민운동본부를 출범시켰으며 각종 심포지엄과 전문가와의 논의를 통해 국민적 인식 개선과 사법 개정을 준비하고 진행했습니다. 근래에는 '저출산대책국민운동본부'를 출범해 세미나 포럼과 입법청원 운동을 펼치고 있습니다.

여실지견(如實知見), 문제의 원인을 있는 그대로 진단해야 해법(解

法)의 길이 보인다고 했습니다. 그동안의 노력으로 우리에게 저출산의 암담한 높은 장벽은 이제 서서히 극복의 대상이 되고 있습니다. 국민적 합의와 공동의 문제 인식에 너와 나, 옳고 그름이 없어지고 있습니다. 함께 극복해야 한다는 공동(共同)의 공감(共感)이 만들어지고 있습니다.

저출산 문제는 우리만의 문제가 아닌 세계적인 문제가 됐습니다. 각국 정부가 채택한 다양한 출산·양육 지원 정책은 그 실효성이 낮다는 분석이 나왔습니다. 저출산 극복을 위한 각국 정부의 적극적인 자세와 다양한 정책 시도에도 불구하고 그 효과는 기대에 못 미치고 있습니다. 국민적 인식 개선 없이 펼치는 정부 정책의 한계 때문일 것입니다. 이런 점에서 우리의 태도는 다릅니다. 정부는 물론 민간, 시민단체, 종교계가 모두 한마음으로 위기 극복의 공감을 갖고 있습니다.

그동안 (사)행복한출생 든든한미래의 깊은 노고에 감사드립니다. 이 책을 통해 더 많은 사람이 저출산 인구감소의 국가적 위기를 타개하는 데 힘을 모았으면 좋겠습니다.

조계사 주지

담화 스님

안녕하십니까? 국민의힘 국회의원 인요한입니다.

『저출생과의 전쟁』 출판을 진심으로 축하드립니다.

2024년 대한민국에서 가장 중대하고 시급한 문제는 바로 저출생 문제입니다.

현재의 저출생 상황이 지속된다면 대한민국은 성장동력을 잃고 침체하게 될 것입니다.

현재 K-컬처로 대표되는 대한민국이 지속가능한 성장을 계속하기 위해서는 저출생 문제를 꼭 해결해야 합니다.

그간 저출생 극복을 위해 정부와 국회도 각고의 노력을 해오고 있지만 그 성과가 미미한 것이 사실입니다.

이번 (사)행복한출생 든든한미래가 출간한 『저출생과의 전쟁_해외편』에 보면 북미, 유럽, 아시아 등 많은 나라의 저출생 극복을 위한 사례를 잘 분석 요약해 두었습니다.

특히 유럽의 많은 나라에서 교회 유휴공간에 아동돌봄 센터를 운영함으로써 지역사회에 큰 도움을 준다는 사실이 저에게 깊은 울림을 주었습니다.

사실 6만여 한국교회 일천만 성도들은 저출생 문제해결을 위해 그간 많은 노력을 해왔습니다.

참 감사한 일입니다.

2022년 교계 지도자분들이 중심이 되어 저출생대책국민본부가 출범하였고 작년에는 비영리 사단법인인 행복한출생 든든한 미래가 출범 하기도 했습니다.

대한민국이 저출생을 극복하고 행복한 미래를 만드는 그날까지 저도 국회에서 최선을 다하겠다는 약속을 드립니다.

다시 한번 『저출생과의 전쟁』 출판을 진심으로 축하드립니다.

감사합니다.

국민의힘 최고위원

인 요 한

먼저, 지난 20년간 저출생 위기 문제를 인식하고, 국내외 저출생 현상과 위기 극복 대안을 조사하고 해결하기 위해 노력하고 있는 (사)행복한출생 든든한미래 임직원 여러분께 감사드립니다. 아울러 『저출생과의 전쟁』 발간을 진심으로 뜻깊게 생각합니다.

여러분!

올해 교육부와 한국교육개발원이 작성한 '2023~2029년 초·중·고 학생 수 추계 (보정치)'에 따르면, 앞으로 5년 동안 전국 초·중·고 학생이 85만 6196명(16.7%) 줄어들고, 이 중 초등학생 감소만 약 75만 명에 이를 것으로 추산하고 있습니다. 국가적 재난이라고 해도 과언이 아닐 정도입니다.

현재 우리 사회가 직면한 가장 큰 위기는 저출생입니다. 저출생은 인구가 줄어든다는 단순한 통계학적인 문제가 아닙니다. 경제는 물론 안보, 문화, 복지 등 우리 사 회 전반에 걸쳐 막대한 영향을 미치는 중대한 문제입니다.

결국, 저출생은 국가존립과 관련된 가장 중요한 문제입니다.

하지만 역대 정부의 저출생 대책은 실효적 성과를 보이지 못했습니다. 2006년부터 400조 원이 넘는 예산을 출산율 제고를 위해 투입했지만, 저출생 문제를 해결하지 못했습니다. 오히려 악화되고 있습니다.

이제는 발상의 전환이 필요합니다. 그리고 모두의 노력이 있어야 합니다.

"한 아이를 키우기 위해 온 마을이 필요하다"라는 말이 있습니다. 마찬가지입니다. 저출생을 극복하기 위해서는 온 나라의 관심과 역할이 필요합니다. 이런 의미에서 (사)행복한출생 든든한미래에서 발간하는 『저출생과의 전쟁』 책자는 사회적으로 매우 뜻깊은 일입니다.

아무쪼록 『저출생과의 전쟁』이 우리 사회의 저출생 문제에 대한 인식 개선과 위기 극복을 위한 디딤돌이 되길 기원합니다. 감사합니다.

국민의힘 국회의원

윤 상 현

대한민국은 지금, 초저출생 위기라는 국가적 재난 앞에 서 있습니다. 정부가 '인구 비상사태'를 선언했지만, 실효성 있는 대책은 여전히 부족합니다. 작년 합계 출산율은 0.72명으로 떨어졌고, 현재는 0.6명에 근접하고 있습니다. OECD 국가 중 출산율이 1명 이하인 국가는 대한민국이 유일합니다. 이는 단순한 인구 감소를 넘어, 우리 사회와 경제의 근간을 흔들며 미래 세대의 희망마저 희미하게 만들고 있습니다. 초저출생 문제를 해결하지 못한다면, 국가의 지속 가능성은 심각한 위협에 직면할 것입니다.

"보라 자식들은 여호와의 기업이요 태의 열매는 그의 상급이로다"

(시편127:3)

자녀들은 주님께서 주신 귀한 선물이며, 그들을 통해 우리의 미래에 희망을 주신다고 말씀하셨습니다. 자녀를 통해 하나님의 축복이 이어지기를 바라는 그 뜻을 기억할 때, 초저출생 문제는 단순한 사회적 과제에 그치지 않고, 하나님의 계획 안에서 기도하며 함께 해결해 나가야 할 신앙적 사명입니다.

(사)행복한출생 든든한미래는 이 사명을 다하기 위해 지난 20여 년 동안 저출생 문제를 인식하고, 다양한 활동을 통해 해결 방안을 모색해 왔습니다. 저출생 문제의 본질을 연구하고, 모두가 공감할 수 있는 대안을 제시하려는 CTS의 오랜 노고에 깊은 감사를 드립니다. 이번에 출판된 『저출생과의 전쟁』은 국내외 출산 정책과 주요 국가들의 성공 사례를 포함한 오랜 연구의 결실이 담긴 중요한 자료로, 국가적 위기 해결의 중요한 열쇠가 될 것입니다.

저 또한 국회의원으로서 초저출생 문제의 심각성을 깊이 인식하며, 초당적인 협력 속에서 실질적인 해결책을 찾아가고자 합니다. 우리가 기도하고 실천할 때, 하나님께서 우리에게 지혜를 주시고 이 위기를 극복할 힘을 허락하실 것이라 믿습니다.

주님께서 우리에게 허락하신 이 아름다운 나라와 다음 세대를 위해, 모두가 함께 기도하고 힘을 모으길 소망합니다. 이 책을 접하시는 모든 분들과 그들의 가정, 그리고 주변인들에게 하나님의 크신 은혜와 축복이 가득하기를 기도드립니다.

더불어민주당 국회의원

송 기 헌

목차

'애국복음(愛國福音)'

CTS 기독교TV 10층에 있는 저의 사무실 액자에 쓰여있는 글귀입니다. 이 글귀에는 저의 정체성이 잘 요약되어 있습니다. 저는 기독교인이며 또한 대한민국 국민입니다. 그래서 어떻게 하면 복음을 증거하는 기독교인으로 살 수 있을지, 또 어떻게 하면 대한민국 국민으로 국가에 대한 충성과 사랑을 다하며 살 수 있을지를 항상 고민하고 있습니다.

그 고민이 구체적인 지향점을 얻게 된 것은 90년대부터였습니다. 그때부터 조국 대한민국의 출생과 영유아 교육 문제를 심려하게 되고, 이를 위해 날마다 기도하게 된 것입니다. 당시의 사람들은 1.6명대의 합계출산율에 대해 무지하고 무사안일하고 무책임한 태도로 일관하고 있었습니다. 영유아에 대한 돌봄과 교육도 아무런 체계 없이 무대책하게 이루어지던 시기였습니다. 이대로라면 합계출산율이 계속적으로 하락해 국가 위기를 불러올 것이 자명했습니다.

그래서 저는 수많은 전문가들과 함께 보육과 돌봄의 선진화를 위해 많은 노력을 기울이는 한편, 출생률을 높이기 위한 연구 활동에도 매진해왔습니다. 이 같은 활동을 수십 년 동안 펼쳐온 끝에, 합계출생률을 높이기 위해서는 무엇보다 먼저 국가의 보육 돌봄 체계가 완전하게 준비되어 있어야 한다는 결론을 얻게 되었습니다.

대한민국의 합계출산율이 0.6명대로 추락하고 대통령이 국가 비상사태를 선포한 2024년 현재, 저는 지금까지의 활동들을 근거로 삼아 감히 대한민국이 나아가야 할 길을 제안하고자 합니다.

이에 저출생에 대한 그간의 연구 활동을 국내 편과 해외 편으로 구성된 총 2권의 책으로 엮어 출판하게 되었습니다. 이와 같이 한 까닭은 먼저는 국내의 실정을 정확히 이해해야 하고 그 다음으로는 해외 사례를 통해 대안을 찾아낼 수 있을 것으로 믿었기 때문입니다. 특히 우리는 해외 사례를 면밀히 검토해야 합니다. 비록 우리는 지금까지의 저출생 극복 정책에서 유의미한 성과를 거두지 못했지만, 해외에는 분명한 성공 사례들이 있기 때문입니다. 때문에 이 책을 저술하는 데 있어서도 2권에 보다 많은 노력을 기울였습니다.

물론 그렇다고 국내편인 1권의 가치가 작아지는 것은 아닙니다. 온 나라가 저출생 문제로 근심하고 있는 2024년 현재까지도 저출생과 관련한 국내의 실정을 종합적으로 기술한 책을 찾기가 어렵습니다. 때문에 보다 심도 있는 책을 쓰기에 앞서 국내 저출생과 관련한 폭넓은 이슈들을 전부 담아내어 모든 사람들 앞에 현황판처럼 펼쳐 보일 필요가 있었습니다.

1권 국내 편의 1부에서는 저와 CTS가 함께 펼쳐온 저출생 문제 해결을 위한 활동들을 시대별로 정리했습니다. 이는 우리가 걸어온 길을 되돌아보며 문제의 본질을 이해하는 데 중요한 기초를 제공합니다. 이 과정을 통해 우리는 왜 이 문제에 직면하게 되었는지, 그리고 어떤 접근이 효과적이었는지를 다시금 성찰하게 될 것입니다.

2부에서는 대한민국의 저출생 현황과 정책의 역사를 다루며, 그 성과를 평가하고 분석했습니다. 이 부분은 저출생 문제에 대한 국가적 대응이 어떤 변화를 가져왔는지, 그리고 여전히 해결되지 않은 과제들이 무엇인지를 명확히 파악하는 데 도움을 줄 것입니다.

3부에서는 저출생 위기 극복을 위한 정부의 노력뿐만 아니라, 민간 기업과 단체의 참여, 그리고 종교계의 역할을 탐구했습니다. 이 부분은 사회 전반의 협력이 얼마나 중요한지를 보여주며, 각자의 위치에서 어떻게 기여할 수 있는지를 제시합니다.

마지막으로 4부에서는 초저출생 시대를 살아가는 우리들의 모습을 다양한 관점에서 비추어보았습니다. 사회 전체를 보았을 때 여전히 어떤 이들은 아이를 낳고, 또 어떤 이들은 아이를 낳지 않습니다. 그것을 옳다 그르다 판단할 수는 없습니다. 그러나 이제는 서로의 다름 속에서 합의점을 찾아가야 합니다. 어느덧 저출생이 우리 사회의 지속 가능성을 불가능하게 만들고 우리 모두의 행복한 미래를 위협하기 시작했기 때문입니다. 이 장에서 제기되는 여러 현안들에 대해 보다 활발한 사회적 논의가 시작되기를 바랍니다.

2024년 가을날, 애국복음의 길을 다시 생각해봅니다. 선대의 기독교인들께서 조국에 전했던 복음의 광명을 우리 세대에 다시 한번 비출 수 있다면 그보다 행복한 일은 없을 것입니다. 모든 가정, 모든 국민에게 행복한 출생과 든든한 미래가 보장되는 대한민국을 만들고,

저출생을 고출생으로 바꾸는 일. 그것이 신앙인으로서, 국민으로서 저에게 맡겨진 과업입니다.

결코 불가능하다고 생각하지 않으며 그 희망을 놓아본 적도 없습니다. 이것은 신앙인으로서 받은 소명이기 때문입니다. 일을 이룰 때까지는 충심을 다해 쉼 없이 나아갈 것입니다. 제갈공명이 후출사표에 적었다는 국궁진췌 사이후이(鞠躬盡瘁 死而後已, 모든 걸 바쳐 힘을 다해 일하고 죽은 후에야 그만둔다)의 정신으로 대한민국을 위해 충성을 다할 것입니다. 우리는 반드시 저출생을 극복해야만 하며, 극복할 수 있습니다.

감경철
CTS 회장, 사단법인 행복한 출생 든든한 미래 이사장

1부

이렇게
시작되었다

1993, 첫 걸음

"한 사회의 영혼을 가장 잘 드러내는 것은 그 사회가 아이들을 대하는 방식이다."

남아공 최초의 흑인 대통령 넬슨 만델라(Nelson Mandela)의 말이다. 사회의 도덕적, 윤리적 수준을 평가하는 중요한 기준을 제시하는 말이기도 하다. 아이들은 사회의 미래를 책임질 세대이자 동시에 가장 취약한 구성원이다. 따라서 아이들을 어떻게 가르치고 보호하느냐는 그 사회의 가치와 신념을 직접적으로 반영한다.

넬슨 만델라가 석방된 지 3년 후인 1993년 4월, 당시 우리나라 광고 업계의 선두 주자였던 ㈜익산의 감경철 대표는 "기업의 사회적 책임 완수"라는 대명제하에 '사단법인 화곡 장학회'를 설립했다. 그리고 강원도에 있는 왕산 중학교 전교생을 대상으로 장학 사업을 추진했다.

감경철 대표는 이후 더 높은 차원의 공익사업으로 전환을 모색하던 중, 유아 교육은 아동의 초기 발달에 매우 중요한 역할을 한다는 사실에 주목하게 된다. 이는 아동의 인지적, 정서적, 사회적, 신체적 발달을 지원하며, 이 단계에서의 교육은 아동이 건강하게 성장할 수 있는 토대를 마련해 주기 때문이다. 이에 따라 그는 영유아 교육 분야에 관한 관심을 집중하여 같은 해 7월, '사단법인 화곡장학회'를 '사단법인 화곡 유아교육연구원'으로 개칭하고 이사장직을 맡았다. 그리고 '화곡 유아교육연구원'은 영유아 교육환경 개선을 위한 본격적인 연구에 돌입했다.

90년대는 세상이 급변하는 시기였다. 여성의 사회활동 참여 욕구가 꾸준히 확대되고, 급속한 경제발전에 따른 전문 인력에 대한 사회적 요구도 증가하는 중이었다. 자연스럽게 맞벌이 가정의 자녀 보육 문제가 심각한 사회문제로 대두되었다. 그럼에도 불구하고 당시 우리나라의 교육제도는 고등 교육 위주로만 이루어져 있어서 한 아이의 미래를 결정지을 수 있는 초기 영유아 교육의 중요성에도 불구하고 충분한 사회적, 정치적 배려를 받지 못하고 있었다. 반면에 사교육 분야는 기형적으로 비대해져 가정에 큰 부담으로 작용하는 중이었다.

감경철 이사장에게는 또 다른 고민거리가 더 해졌다.

'이제 우리는 경제적 풍요를 바탕으로 선진국으로 나아가는 길목에서, 진정한 의미의 선진국이 무엇인지 다시 한번 깊이 생각해봐야 하지 않을까?'

1980년 이후, 영유아 교육은 그 어느 때보다도 양적인 팽창을 이루었다. 유아 교육 기관의 유형도 다양해져, 유치원은 물론 보육시설의 유형도 부모들의 요구에 맞게 각양각색의 형태를 갖추고 있었다. 종일제 유치원, 가정 보육시설의 놀이방, 직장 보육시설, 어린이집 등을 주위에서 쉽게 찾아볼 수 있게 되었다. 영유아 교육에 관한 각종 도서도 상당히 많이 출간되었다. 그러나 다양한 유아 교육 현장에서 유아 나이와 기관 유형에 알맞게 사용할 수 있는 구체적인 지침서는 의외로 적었다. 특히 유아 교육 현장에서 발생하는 여러 가지 문제들에 초점을 맞추어 교사들이 쉽게 문제를 파악하고 대처할 수 있는 구체적인 자료는 극히 드물었다.

그래서 '화곡 유아교육연구원'은 한국 유아교육학회에 막대한 연구비를 지원하여 40명 이상의 연구진이 참여한 가운데, 2~3세 영유아를 위한 종일제 프로그램을 개발했다. 그 결과 2세와 3세를 교육하기 위한 현장 지도서로서 교육과정 운영의 실제를 자세하게 제시하는 36권의 시리즈를 만들었다.

제1권부터 3권까지는 교사들에게 교육과정 운영의 지침이 될 수 있는 2~3세 영유아 발달의 특징, 교육 내용, 일과 계획 및 운영, 환경구성 및 교사의 역할을 다루었다. 제4권부터 7권까지는 2세아의 종일제 프로그램을, 제8권부터 11권까지는 3세아의 종일제 프로그램을 상세하게 제시했다. 또한, 2ㆍ3세 영유아에게 필요한 놀잇감을 개발하고 그림책 10권과 그림책 지침서 10권도 함께 개발했다. 특히 이 프로그램은 실제 활동을 소개하는 그림과 사진들이 많이 제시되어 있어서 교사들이 쉽게 사용할 수 있도록 구성되어 있었다.

이 프로그램의 개발진들은 유아 교육 현장의 교사와 유아 교육 학부 과정 및 대학원 학생, 유아 교육을 연구하고자 하는 모든 사람이 참고하고 현장에서도 널리 활용되기를 바랐다. 그러나 IMF 경제 위기가 찾아왔다. 그러다 보니 모두 상황이 어려워졌고, 많은 아이가 실

직한 부모와 함께 집에만 머물렀다. 화곡 유아교육연구원은 하는 수
없이 교재와 자료는 나눠주거나 관련자들에게도 제공하고 나머지는
물류창고에 보관하기로 했다. 시간이 지나면서 자료들은 스캔해서 영
상 자료로도 남겨두었다.

사회경제적 문제의식과 유아 교육의 필요성에서 설립된 '화곡유아
교육연구원'은 30여 년간 지속해온, 오히려 지금 더 열정을 쏟아붓고
있는 다음 세대 운동과 저출생 위기 극복의 마중물이 되었던 것으로
평가된다.

영유아는 과연 이 나라의 미래인가?

이 당시 CTS는 다수의 어린이집을 개원했다

감경철 이사장이 CTS기독교TV의 사장으로 취임하면서 특별한 프
로젝트가 시작되었다. 2005년, CTS 창사 10주년을 맞아 진행된 이 프
로젝트는 "영유아가 나라의 미래다"라는 비전을 담고 있었다.

당시 감경철 CTS 기독교TV 사장(2000~2010.3)은 결혼 연령이 높아지고 맞벌이 부부가 증가하는 사회적 현실을 직시했다. 그리고 CTS가 가정, 교회, 정부가 협력하여 영유아 보육사업을 함께 진행한다면, 기독교적 세계관으로 미래 인재를 양성할 수 있다고 보았다. 이와 함께, 교회가 지역 사회의 교육과 생활의 중심으로 자리매김할 수 있으며, 이를 통해 선교와 차세대 부흥을 동시에 이룰 수 있다는 비전을 제시했다.

이러한 비전을 실현하기 위해 CTS는 전국의 5만 개에 이르는 교회가 유아 보육의 주요한 역할을 담당하도록 하는 운동을 전개했다. 이 운동은 주부들의 양육 부담을 줄여 출생율을 높이는 것을 목표로 삼았다. 특히, 한 가구당 2명의 자녀를 갖도록 독려함으로써, 인구 문제 해결에도 기여하고자 했다.

CTS는 전문가들의 의견을 수렴하고, 실질적인 대안을 마련하기 위해 다양한 세미나를 개최했다. 또한, 부모와 보육교사를 위한 무료 특강을 제공하며, 영유아 보육의 질을 높이기 위한 다각적인 노력을 기울였다. 이러한 노력의 결실로 2006년 1월 20일, 여의도순복음교회에 저소득층 및 맞벌이 부부를 위한 제 1호 CTS 제휴어린이집이 개원하게 되었다. 이 어린이집은 보육은 물론 지역 사회의 중심이자 미래 세대 양성의 요람으로 자리 잡았다.

이후, CTS는 전국의 교회와 협력하여 14호까지 제휴 어린이집을 개원하였으며, 현재까지 40곳의 교회가 이 프로젝트에 동참하고 있다. 이러한 성과는 CTS가 얼마나 깊은 고민과 비전을 가지고 영유아 보육 사업을 전개해왔는지를 보여준다.

"영유아가 나라의 미래다"라는 이 프로젝트는 단순히 출생율을 높이기 위한 시도가 아니었다. 그것은 우리 사회의 미래를 위한 투자이자, 차세대 인재를 기독교적 세계관으로 양성하기 위한 전략이었다. CTS의 이 프로젝트는 교회가 지역 사회의 중심으로 다시금 자리 잡을 수 있는 기회를 제공했으며, 영유아 보육을 통해 사회적 책임을 다하는 모델을 제시했다.

오늘날 우리는 여전히 저출산과 맞벌이 부부 증가로 인한 다양한 사회적 문제에 직면해 있다. 이러한 문제를 해결하기 위해서는 CTS가 보여준 것과 같은 통합적이고 선제적인 접근이 필요하다.

'영유아 보육 전문가 초청 토론회'

2005년 '보육정책의 공공성 강화와 교회 및 지역사회의 역할' CTS 토론회

2005년 영·유아 보육 사명자 대회

CTS는 영유아 보육의 중요성을 사회에 알리고 실질적인 변화를 이루기 위해 다양한 활동을 전개하기 시작했다. 그 중 하나는 '영유아 보육 전문가 초청 토론회'였다. 이 토론회는 영유아 보육 분야의 전문가들을 한 자리에 모아 보육의 중요성과 향후 방향성에 대해 심도 있는 논의를 진행하는 자리였다. 이 토론회는 CTS가 영유아 보육 문제에 대해 얼마나 진지하게 접근하고 있는지를 보여주는 사례로, 한국 사회에서의 보육 문제 해결을 위한 첫걸음을 내딛는 중요한 행사였다.

이어 2005년 6월 28일, CTS는 '보육정책의 공공성 강화와 교회 및 지역사회의 역할'이라는 주제로 영유아 보육 세미나를 개최했다. 이 세미나는 공공성과 교회의 역할을 강조하며, 교회와 지역사회가 협력하여 영유아 보육의 질적 향상을 도모해야 한다는 결론을 이끌어냈다. CTS는 이 세미나를 통해 교회가 단순히 종교적 역할에 머무르지 않고, 지역사회의 중요한 일원으로서 사회적 책임을 다할 수 있음을 보여주었다.

이후 전문가들의 의견을 수렴한 CTS는 2005년 7월 7일, 한국기독교총연합회와 협력하여 '영유아보육추진운동본부'를 설립했다. 이 운동본부는 한국 교회와 다양한 사회적 기관이 함께 참여하는 대규모 프로젝트로, 영유아 보육을 통해 국가의 미래를 책임질 차세대를 건강하게 육성하고자 하는 목표를 가지고 있었다.

2006

새 생명을 위한 여정
– 출산 장려운동 , 생명과 희망 네트워크 –

2006년 생명과 희망의 네트워크 발족식

2006년 1월 20일, 한국프레스센터에서 열린 '생명과 희망의 네트워크' 발족식은 한국 사회가 직면한 저출산 문제를 해결하기 위한 중요한 이정표가 되었다. 한국 사회의 저출산 및 고령화 문제를 해결하기 위해 다양한 활동을 전개하기로 했다. 이를 위해 종교계와 정부, 시민 사회가 협력하여 지속 가능한 대안을 마련하기도 했다. 이 네트워크는 한국교회 지도자들과 다양한 사회 지도층이 함께 참여하여 저출산과 고령화 문제를 해결하고자 하는 기독교 시민운동이라고 할 수 있다.

한국교회는 그동안 다양한 사회적 문제에 대한 해결책을 제시해 왔다. '생명과 희망의 네트워크' 발족은 그 연장선상에서, 저출산 문제를 국가적 과제로 인식하고 이를 해결하기 위해 교회가 적극 나선 사례이다.

CTS는 이러한 영유아 보육사업을 통해 그리스도의 사랑을 전하고, 국가와 교회에 기여하겠다는 다짐을 해왔다. 특히, CTS영유아문화원을 상설기구로 조직하여 영유아보육추진운동본부를 지속적으로 지원하며, 다음 세대를 위한 보육환경 개선과 저출산 문제 해결을 위해 한국 교회의 적극적인 참여를 유도했다.

이러한 노력의 구체적인 성과는 CTS 제휴 어린이집의 개원과 운영으로 나타났다. 2006년 1월 20일 여의도순복음어린이집을 시작으로, CTS는 여러 교회와 협력하여 제휴 어린이집 네트워크를 구축했다. 이 네트워크는 저소득층 가정과 맞벌이 부부를 주요 대상으로 양질의 보육 서비스를 제공하며, 사회적 약자에게 그리스도의 사랑을 전하는 데 중점을 두었다. 또한, 교회와의 협력을 통해 어린이집 운영과 교육 콘텐츠 개발, 보육교사 훈련 등 체계적인 지원을 제공하며, 영유아 보육의 질적 향상을 도모했다.

CTS 제휴 어린이집은 이러한 지원과 협력을 바탕으로 빠르게 증가하였으며, 지역 주민들로부터 뜨거운 호응을 받았다. 특히, 평일에 비어 있는 교회 공간을 활용한 보육 및 교육시설 확충은 CTS기 한국 사회의 보육 문제 해결에 중요한 기여를 하고 있음을 보여준다.

2010

새 생명을 위한 연대
– 출산장려국민운동본부 출범 –

2010년 출산장려국민운동본부 출범식

한편, 국내 신생아 출생율이 세계 최저 수준으로 떨어지면서 사회 각계의 우려가 커졌다. 이에 따라, 2010년 6월 15일, CTS와 감경철 회장(2010년 4월, CTS기독교TV 회장 취임)이 중심이 되어 '출산장려국민운동본부'가 출범하였다. 저출산 문제 해결을 위한 사회적 운동을 본격화된 것이었다. 이 운동본부는 교계, 정계, 학계, 재계 인사 1,200여 명이 참석한 가운데 서울 프레스센터에서 출범식을 가졌고, 이는 저출산과 고령화 문제에 대한 국민의 높은 관심을 반영한 결과였다.

출산장려국민운동본부의 총재는 여의도순복음교회의 조용기 사랑과행복나눔재단 이사장이 맡았고, 대표회장은 명성교회의 김삼환 목사가, 본부장은 감경철 회장이 맡아 실질적인 법인 운영을 책임졌다. 출범식 1부에서는 각계 주요 인사들이 공동선언문을 통해 "저출산 문제 해결은 사회와 개인을 넘어 우리나라를 건강하게 하는 범국가적 운동"이라며, "우리에게 주어진 사명을 충실히 수행해 나갈 것"을 엄숙히 선언했다. 2부 행사에서는 탤런트 유호정 씨가 홍보대사로 위촉되었고, 출산 관련 특별 시상과 문화공연이 이어졌다.

출산장려국민운동본부는 정부와 기업과의 긴밀한 협조하에 저출산 문제를 야기하는 사회·경제적 문제를 연구하고 해소하는 데 앞장섰다. 특히 출산 가정이 국가와 기업으로부터 실질적인 도움을 받을 수 있도록 대안을 제시하며, 안심하고 출산할 수 있는 사회 환경을 조성하는데 주력했다.

CTS는 또한 영유아 돌봄 지원사업에 중점을 두고 교회에 저렴하고 질 좋은 영유아원이나 어린이집을 개설해 운영하는 방안을 추진했다. 취학 연령 아동을 위한 방과 후 학교와 공부방 설치를 지원했고, 다문화가정 자녀 양육 지원, 미혼모 돌봄시설 설치 및 운영, 국내 입양 활성화 등도 추진했다. 기업과 연계해 직장 수유방 설치, 출산 지원 우수기업인상 제정, 저소득층 자녀 지원 등 다양한 프로그램을 함께 진행했다. 이밖에도 출산 장려를 위한 범국민적 캠페인과 출산 관련 NGO와의 협력사업도 진행했다.

2010년 11월 19일에는 CTS컨벤션홀에서 '저출산 극복 및 출산장려 세미나'가 개최되었다. 이 세미나는 CTS가 주최하고 보건복지부가 후원했으며, CTS 동역교회 목회자 200여 명과 정부 관계자들이 참석했다. 김병삼 목사(만나교회)는 '저출산 극복을 위한 한국교회의 실천 방안'에 대해 강연하며, 출산 문제를 '생육하고 번성하며 땅에 충만하라'는 성경적 원리에서 답을 찾아야 한다고 강조했다. 또한 전국 각지의 교회 시설을 활용해 어린이집이나 유치원 등 보육 관련 시설을 세워 지역사회 주민들의 보육 여건을 개선하자는 제안을 내놓았다.

2015

"저출산 시대, 한국교회는"
– 심포지엄 개최 –

저출산 문제가 한국 사회의 중요한 이슈로 대두되는 상황에서, 2015년 6월 17일에는 CTS컨벤션홀에서 "저출산 시대, 한국교회는"이라는 심포지엄을 개최했었다. 이 심포지엄은 한국교회가 저출산 문제 해결에 어떻게 기여할 수 있을지를 고민하고 논의하는 자리였다. 교계, 정계, 학계의 다양한 전문가들이 모여 심도 있는 토론을 진행하며, 한국교회가 나아가야 할 방향을 모색했다. 이 심포지엄에는 교계와 정계, 학계 등 저출산 및 영유아 교육 관련 최고 권위자 200여 명이 참석했다. 박윤옥 의원(한자녀더갖기운동연합 회장)은 '저출산과 한국의 미래', 박상진 교수(장로회신학대학교 신학대학원장)는 '저출산 시대, 기독교육의 방향'에 대해 발표했다. 신정 목사(광양 대광교회)는 '영유아 출산, 육아 지원을 위한 교회의 참여 방안', 김성수 회장(한국기독교교육연합회)은 '기독교육선교 발전 방향 및 활성화 방안'에 대해 발표했다.

2015년 '저출산시대 한국교회는' 심포지엄

　특히 인상적이었던 것은 박윤옥 의원의 발표였다. 박 의원은 '저출산과 한국의 미래'는 주제로 저출산이 국가의 미래에 미치는 심각한 영향을 설명하며, 이를 해결하기 위한 교회의 적극적인 참여가 필요함을 강조했다. 박 의원의 발언은 단순히 문제를 지적하는 데 그치지 않고, 교회가 저출산 문제 해결을 위해 앞장서야 한다는 책임감을 우리에게 일깨워주었다. 그의 메시지는 신앙인들이 어떻게 행동해야 하는지를 다시 한번 생각하게 만드는 계기가 되었다.

또한, 박상진 교수의 '저출산 시대, 기독교육의 방향' 발표는 참석자들에게 많은 영감을 주었다. 그는 저출산 문제 해결의 중요한 열쇠가 기독교 교육에 있다고 강조했다. 특히, 젊은 세대가 성경적 가치관을 바탕으로 자녀를 양육할 수 있도록 돕는 것이 교회의 역할임을 설파했다. 그의 발표를 통해 우리는 교회가 단순히 영적 지도자로서의 역할을 넘어, 교육의 장으로서도 얼마나 중요한 역할을 할 수 있는지를 다시 한번 확인 할 수 있었다.

신정 목사의 발표를 통해서도 교회의 역할에 대해 생각하게 되었다. 그는 영유아 돌봄과 육아 지원을 위한 교회의 다양한 프로그램을 제안하며, 교회가 지역사회 내에서 실질적으로 기여할 수 있는 방안을 제시했다. 교회 시설을 활용한 보육 시설 확충과 부모 교육 프로그램의 중요성은 각자 속한 교회에서 반드시 고려해야 할 부분이었다.

결론은 내려졌다. 교회와 사회가 협력하여 이 문제를 해결해야 한다는 것이다.

3장 2020, 그 이후

"다음세대 세우기"

2020년 CTS 창립 25주년 기념 감사예배

그후 2020년, CTS가 창립 25주년이라는 터닝 포인트에 섰을 때 "CTS는 무엇을 할 것인가?"라는 질문 앞에 섰다. 그때 감경철 회장은 이렇게 대답했다.

"지난 25년간 CTS와 행보를 같이 하면서 저는 기독교적 세계관으로 미래 인재를 양육하고, 교회를 지역사회와 교육과 생활의 중심으로 개방함으로써 선교와 차세대 부흥을 이룰 수 있다는 비전을 품어 왔습니다. 따라서 이 질문에 대한 답은 바로 다음세대를 세우라는 것입니다. 신앙의 유산은 반드시 이어져야 하기 때문입니다."

신앙의 유산의 본질은 성경말씀을 제대로 가르치는 것이다. 성경말씀을 근간으로 한 기독교 교육을 통해 후대에게 신앙의 유산을 제대로 전달하지 못한다면 한국교회는 물론 이 민족의 미래를 장담할 수 없다.

CTS는 "다음 세대를 세우라"는 비전을 품고 다양한 프로젝트를 통해 그 궤적을 이어오고 있다. 특히 영유아 보육사업을 비롯하여 출산 장려운동, 기독대안학교 설립 지원, 교회학교 세우기 운동 등을 통해 다음 세대의 미래를 준비해왔다. 이는 한국 교회의 발전과 더 나아가 국가의 백년지계를 위한 중요한 역할을 하고 있다.

저출산 문제가 사회적 이슈로 대두되면서 한국 교회의 위기감도 커졌다. 교회학교의 인원이 갈수록 줄어들자 교회의 미래와 관련해 대안을 마련해야 한다는 목소리가 높아졌다. 이에 감경철 회장은 기독교인으로서의 사명감을 가지고 1990년대부터 영유아 교육에 공을 들여왔다. 영유아 교육은 단순한 보육을 넘어 기독교적 세계관을 심어주는 중요한 사역으로 자리 잡았다.

그렇다면 '다음 세대'란 누구를 의미하는가? 일반적으로 다음 세대는 현재 세대 이후의 미래 세대를 지칭한다. 이는 부모 세대 또는 조부모 세대 이후의 자식이나 손자 세대를 포함하며, 이들이 우리의 미래를 이끌어 갈 주역이 될 것이다. 그러나 다음 세대의 범위는 시대나 상황에 따라 다르게 정의될 수 있다. 특정 국가나 지역에서는 다음 세대를 단순히 자식 세대나 손자 세대만이 아니라 그 이후의 세대까지 포함시키기도 한다. 이는 장기적인 관점에서 사회와 문화를 유지하고 발전시키기 위해 더 넓은 범위의 다음 세대를 고려해야 한다는 점을 시사한다.

한국교회와 그리스도인들에겐 신앙의 가르침과 삶의 지혜를 다음 세대에게 전수해야 할 책임이 있다. 특히 교회는 지역 사회와 협력하여 결혼과 가정의 중요성을 강조하고, 신앙 안에서 자녀를 양육하는 문화를 장려해야 한다. 이를 위해 교회는 결혼 예비학교, 부모 교육 프로그램 등을 운영하며, 신앙과 가정이 함께 자라날 수 있는 환경을 조성해야 한다. 이를 위한 절대적인 투자가 필요하다.

믿음 안에서 자라는 다음 세대
-기독교 대안교육, 우선 법제화부터-

2019년 대안교육법제화 공개토론회

기독교 교육은 오랜 역사와 전통을 가지고 있지만, 현대 사회에서 그 자율성과 독립성을 유지하는 데에 많은 어려움을 겪고 있다. 특히, 기독교 대안학교들은 기존의 제도권 교육 체계와의 충돌로 인해 법적 보호를 받지 못한 채 미인가 상태로 운영되는 경우가 많다. 이러한 상황은 학생들에게 불공정한 교육 환경을 제공하게 되며, 그들이 정식 학력 인증을 받지 못해 상급 학교로 진학하는 데에도 제약을 준다. 이러한 문제를 해결하기 위해 CTS는 2019년 1월 24일, 대안교육법제화를 위한 공개토론회를 개최하며 기독교 대안교육의 법적 지위를 확립하고자 하는 중요한 움직임을 시작했다.

이 공개토론회는 기독교대안학교연맹과 공동으로 개최되었으며, 대안교육법의 필요성과 법제화 방안을 논의하는 자리였다. 기독교대안학교연맹의 정기원 이사장은 '대안교육 법제화에 대한 제언'을 발표하며, 2018년 10월 31일 박찬대 의원(더불어민주당)이 발의한 '대안교육에 관한 법률안'에 대한 지지를 표명했다. 이 법안은 대안교육을 제도권 안으로 끌어들이기 위한 중요한 첫걸음으로, 많은 기독교 대안학교들이 처한 법적 불안정성을 해소하고, 학생들에게 공정한 교육 기회를 제공하기 위한 것이었다.

토론회에는 박찬대 의원을 비롯하여 김관영 당시 바른미래당 원내대표, 이찬열 당시 국회교육위원장, 김한표 전 국회의원(자유한국당) 등 다수의 정치인이 참석하여 기독교 대안교육의 법적 지위 확립에 대한 공감대를 형성했다. 이들은 특히 미인가 대안학교가 법적으로 학령 인증을 받지 못해 학생들이 검정고시를 통해서만 상급 학교로 진학할 수밖에 없는 현실을 지적하며, 이러한 불합리한 상황을 개선해야 한다고 입을 모았다.

기독교 대안학교들은 현재의 초등교육법 하에서는 학교 운영 기준을 지켜야 하는데, 이는 기독교 교육이 지향하는 자율성을 보장하지 못하는 경우가 많았다. 이로 인해 많은 기독교 학교들이 정부의 인가를 포기하고, 미인가 상태로 운영될 수밖에 없었다. 현재 제도권 밖에서 운영되고 있는 기독교 대안학교는 700여 개에 달하며, 이는 수많은 학생들이 법적 보호 없이 교육을 받고 있음을 의미한다.

그러나 이러한 불합리한 상황에도 불구하고, 많은 기독교인들이 대안교육법의 필요성을 충분히 인식하지 못하고 있다. 이는 기독교 교육의 지속 가능성과 학생들의 공정한 교육 기회를 보장하기 위해서는 매우 우려스러운 일이다. 이에 CTS는 공개토론회를 통해 대안교육법의 필요성을 널리 알리고, 법제화 추진에 대한 강력한 지지를 모으는 데 기여했다.

대안교육법제화는 단순히 기독교 교육의 자율성을 보장하는 것이 아니다. 이 법안이 통과되면, 미인가 상태로 운영되는 기독교 대안학교들이 제도권 안에서 보호받을 수 있게 되며, 학생들은 정식 학력 인증을 받을 수 있어 더 넓은 교육의 기회를 누릴 수 있을 것이다.

결국, CTS가 주도한 이번 공개토론회는 기독교 교육의 위기를 기회로 바꾸기 위한 중요한 전환점이었다. 기독교 대안학교가 법적 지위를 확보하고, 공정한 교육 기회를 제공할 수 있게 되는 것은 기독교 교육의 미래를 밝게 하는 중요한 발걸음이 될 것이다. 앞으로도 CTS와 기독교대안학교연맹을 비롯한 관련 단체들이 협력하여 대안교육법 제정을 위해 지속적인 노력을 기울인다면, 기독교 교육은 새로운 도약의 기회를 맞이하게 될 것이다.

'숲을 꿈꾸며 밀알을 심는다'
– '한 교회 한 학교 세우기' –
– '다음세대 지원센터'설립 –

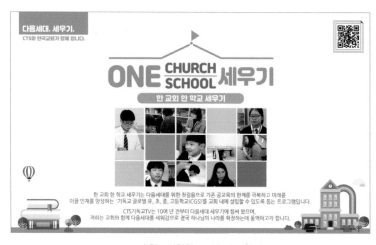

CTS의 한교회한학교 세우기 캠페인

감경철 회장은 CTS와 함께 하는 시간 동안 기독교적 세계관을 바탕으로 미래의 인재를 양성하는 일의 중요성을 절감했다. 그는 이를 위해 교회가 단순히 영적인 공간을 넘어, 교육과 생활의 중심지로서 지역사회에 열려 있어야 한다고 역설했다. 이것은 곧 다음 세대를 세우는 일이고, 다음 세대를 세우는 것을 소명으로 여겼다. 신앙의 유산은 반드시 후대로 이어져야 하기 때문이다. 만일 우리가 다음세대에게 신앙의 유산을 온전히 전달하지 못하다면 한국교회는 물론이고 이 민족의 미래 또한 불투명하다는 것이 그의 생각이었다.

우리나라 근대 교육의 초석을 다진 배재학당, 이화학당, 경신학교, 정신여학당, 숭실학교와 같은 기관들이 선교사들에 의해 설립되었다는 사실은 이를 뒷받침한다. 오늘날 CTS가 심고 있는 교육의 '밀알'은 바로 이러한 연속선상에 있다. 다음 세대를 제대로 세우는 것, 그것은 그들을 제대로 교육하는 것과 동일하다. 감경철 회장과 CTS의 구성원들은 미래 세대가 기독교적 가치관을 바탕으로 성장하도록 돕는 것이야말로 가장 큰 사명이라고 생각했다.

교육은 단순히 지식을 전달하는 것이 아니다, 다음 세대를 형성하고 사회를 이끌어갈 지도자를 양성하는 중요한 역할을 담당하고 있다. 그러나 공교육이 직면한 다양한 문제들로 인해, 기독교 교육은 그 대안으로서의 역할을 강화하고 있다. 이러한 흐름 속에서 CTS는 2019년부터 '한 교회 한 학교 세우기' 캠페인을 통해 기독교 대안교육의 중요성을 강조하며, 한국 교회와 신자들에게 큰 반향을 일으켰다.

이 캠페인은 CTS 뉴스와 영상을 통해 지속적으로 전달되었으며, 기독교 교육의 중요성과 한국 교회의 동참을 강조했다. CTS는 '다음 세대를 위한 교회의 사명'이라는 기치를 내걸고, 교회학교를 통해 교육을 받은 학생들의 행복한 이야기를 소개하며 기독교 대안교육이 단순한 대안이 아닌, 기독교 교육의 미래임을 설득력 있게 제시했다. 특히, 성경에 기반한 자기주도학습의 중요성을 강조하며, 학생들이 스스로 목표를 정하고 학습량을 결정함으로써 대학 진학에도 긍정적인 영향을 미칠 수 있음을 강조했다.

CTS는 국제형 기독대안학교를 설립, 후원하는 사역을 진행했다

이 캠페인은 특히 국제형 기독대안학교(CGS)에서 직접 기독교 교육을 체험한 학생들의 고백과 교사들의 솔직한 이야기들을 통해 시청자들의 깊은 공감을 얻어냈다. 이들의 경험은 기독교 교육이 단순히 신앙을 전수하는 것이 아니라, 학생들이 자신의 삶을 주체적으로 이끌어갈 수 있는 힘을 길러주는 데 중점을 두고 있음을 보여주었다.

CTS는 오랫동안 기독교 교육을 살리기 위해 다양한 활동을 펼쳐왔다. 영유아 보육에서부터 출산 장려, 기독교 대안학교 살리기와 교회학교 활성화, 국제형 기독대안학교 설립, 대안교육 법제화 등 여러 가지 활동들은 CTS가 기독교 교육의 미래를 위해 얼마나 헌신적인 노력을 기울여 왔는지를 잘 보여준다. 이러한 일련의 노력들은 CTS가 단순한 방송 매체를 넘어, 기독교 교육의 실질적인 변화를 이끌어내기 위한 중요한 발걸음이었다.

2020년 개소한 다음세대지원센터 구성원들

이러한 노력을 체계적으로 이어가기 위해 CTS는 2020년 2월 17일 '다음세대 지원센터'를 설립했다. 개소식에서 감경철 회장은 다음과 같이 강조했다.

"위기에 놓인 공교육이 변화하고 달라지려면 하나님의 교육원리로 이 땅의 교육을 새롭게 하고 회복시키려는 교육운동이 일어나야 합니다. CTS다음세대지원센터가 이 땅에 세워진 하나님의 학교들이 건강하게 잘 세워져 가도록 다양한 프로그램을 개발하고 교사 재교육과 신규 교사 양성, 학부모 교육 강좌 등을 만들어 지원해야 합니다."

특히, 센터를 책임지고 있는 정기원 센터장은 CTS다음세대지원센터의 두 가지 주요 목표를 제시했다. 첫째는 이 땅에 세워진 하나님의 학교가 건강하게 잘 운영될 수 있도록 지원하고 섬기는 것이다. 이는 기독교 대안학교들이 그 사명을 다할 수 있도록 필요한 자원과 지원을 제공하는 것을 의미한다. 둘째는 대안학교를 어떻게 준비하고 운영해야 할지 모르는 교회나 기관들을 위해 준비 단계부터 도와주고

컨설팅하는 역할이다. 이는 새로운 기독교 대안학교들이 효과적으로 설립되고 운영될 수 있도록 돕는 중요한 사역이 될 것이다.

결론적으로, CTS의 '한 교회 한 학교 세우기' 캠페인과 '다음세대 지원센터' 설립은 기독교 교육의 위기를 기회로 전환시키기 위한 중요한 전략적 움직임으로 작용했다.

다음 세대를 세우는 일은 저출산 문제를 해결하고 다음 세대의 성장을 지원하는 것은 국가적 차원에서 중요한 과제가 된다. 이와 더불어, 급속히 변화하는 기술 환경에서 다음 세대가 직면할 도전들을 예측하고 대비하는 것이다.

무엇보다 다음 세대는 신앙의 유산을 이어갈 중요한 주체이다. 한국교회와 그리스도인들은 신앙의 가르침과 삶의 지혜를 다음 세대에게 전수해야 할 책임이 있다. 이는 그리스도의 사랑과 가치관을 바탕으로 한 건강한 사회를 만들어가는 데 기여할 수 있는 세대를 양성하는 것을 의미한다. 즉 다음 세대가 올바른 신앙과 가치관을 갖도록 이끄는 것이다.

이를 위한 기독교 대안교육은 현대 교육의 위기 속에서 하나의 중요한 해결책으로 떠오르고 있다. 공교육이 직면한 문제들이 심각해짐에 따라, 많은 학부모와 교육자들은 새로운 교육 모델을 모색하고 있으며, 이 과정에서 기독교 대안교육이 주목받고 있다. 이러한 흐름 속에서 CTS다음세대지원센터는 기독교 대안교육의 중심 허브로 자리 잡으며, 법제화에서부터 새로운 교육 프로그램 개발까지 전방위적인 지원을 아끼지 않았다.

CTS다음세대지원센터는 기독교 대안학교가 체계적으로 성장할 수 있도록 다양한 부서를 운영하고 있다. 교육활동 지원부, 법제화 추진부, 원격 연수부, 대외협력부, 대안교육정보부, 학교설립 지원부 등은 각기 다른 기능을 통해 대안교육을 다각적으로 지원했다. 특히, 민원 발생 시 자문기관으로서의 역할을 통해 학교가 직면할 수 있는 여러 가지 법적 문제를 해결하는 데 큰 역할을 하고 있다.

이러한 지원 노력은 기독교 대안교육의 지속적인 발전에 중요한 기여를 하고 있다. 하지만 이러한 발전이 이루어지기 위해서는 CTS만의 노력이 아니라, 한국 교회 전체의 적극적인 동참이 필수적이다. CTS는 그동안 '한 교회 한 학교 세우기' 캠페인을 통해 기독교 교육의 중요성을 강조해 왔다. 이 캠페인은 기독교 대안학교 설립이 단순한 교육적 대안이 아니라, 한국 교회의 미래와 다음 세대를 위한 필수적인 사명임을 역설한다.

감경철 회장은 〈숲을 꿈꾸며 밀알을 심는다〉라는 책을 통해 이러한 신념을 강력히 전달했다. 2020년 4월 6일 출간된 이 책은 기독교 대안교육에 대한 그의 열정과 소신을 담고 있으며, 공교육의 문제와 대안교육의 필요성을 강조하고 있다. 특히, 한국 교회가 적극적으로 나서서 대안교육을 통해 새로운 교육 패러다임을 제시해야 한다점을 역설했다.

'한 교회 한 학교 세우기' 캠페인과 'CTS다음세대지원센터'는 참 기독교 교육을 살리기 위한 중요한 행보였음에 틀림없다.

어머니의 품, 그리고 교육
- 다음세대운동본부 -

2021년 7월에 출범한 다음세대운동본부 다음세대운동본부의 로고 디자인

다음세대운동본부 로고에는 다음과 같은 비전과 가치가 담겨있다.

'ㅇ'의 의미: 로고 속 'ㅇ'은 어머니의 품을 상징한다. 이는 다음 세대를 위한 보육과 돌봄의 중요성을 나타내며, 어린이들이 따뜻한 사랑과 보호 속에서 자라날 수 있는 환경을 의미한다.

'ㅅ'의 의미: 로고 속 'ㅅ'은 학교를 상징한다. 이는 다음 세대의 교육을 강조하며, 이들이 배움과 성장을 통해 미래의 주역으로 성장할 수 있도록 지원하는 것을 의미한다.

또한 초록, 노랑, 파랑, 분홍색의 4가지 색상을 사용하여, 부모님의 사랑 속에서 건강하게 자라나는 다음 세대를 표현하고 있다. 이 색상들은 각각 생명, 희망, 성장, 그리고 밝은 미래를 상징하며, 다양한 색의 조화는 다양한 인재들이 함께 어우러져 성장하는 모습을 나타낸다.

2021년 7월 14일, 다시 한번 출범 기념사가 전해졌다. 매번 이름은 달라지지만, 우리가 지향하는 신앙, 다음 세대, 돌봄, 교육이라는 본질은 변함없다. 특히 2021년은 코로나19로 인해 많은 제약이 있었기에 줌(zoom)과 방송이라는 매체를 통해 다시 한번 우리가 직면한 위기를 재인식했다. 출생율의 급격한 감소라는 위기이다.

우리나라의 출생율이 세계적으로 유례가 없을 정도로 빠르게 감소하고 있다는 사실은 우리 사회가 직면한 중대한 위기 중 하나이다. 정부는 많은 예산을 투입해 이 문제를 해결하고자 노력했지만, 상황은 여전히 악화되고 있다. 이와 같은 저출산 문제는 단지 통계상의 문제를 넘어, 우리 사회의 미래를 위협하는 심각한 도전으로 다가오고 있다.

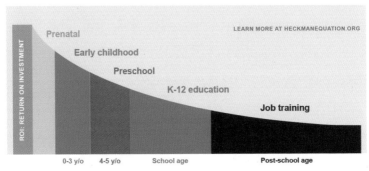

Return on Investment
Economic impact of investing in early childhood learning.

LEARN MORE AT HECKMANEQUATION.ORG

ROI: RETURN ON INVESTMENT

Prenatal

Early childhood

Preschool

K-12 education

Job training

0-3 y/o   4-5 y/o   School age   Post-school age

제임스 해크먼 교수와 그가 제시한 해크먼 곡선

　감경철 회장은 돌봄, 다음세대, 저출생을 논할 때마다 해크먼(James J. Heckman) 교수의 연구를 자주 언급한다. 해크먼 교수는 경제학자로서 주로 조기 아동 발달과 교육의 중요성에 대해 연구해 왔다. 그의 연구는 출생율을 직접적으로 높이는 데 기여했다기보다는, 조기 아동

교육과 복지 정책이 장기적으로 사회와 경제에 미치는 긍정적 영향을 강조했다. 그런데 뜻하지 않게 이 연구가 정책 설계에 영감을 주었고, 출생율 증가에도 영향을 미쳤다. 해크먼 교수 본인도 전혀 예상치 못한 성과이다.

무엇보다 해크먼 교수는 조기 아동 발달에 대한 연구를 통해, 어린 시절의 교육과 투자(특히 0~5세 사이)가 개인의 평생 성취와 사회적 결과에 중요한 영향을 미친다고 강조했다. 또한 그는 양질의 조기 교육과 복지가 경제적 불평등을 줄이고, 노동 생산성을 높이며, 사회적 비용을 절감하는 데 얼마나 중요한지를 입증했다. 해크먼은 조기 교육에 대한 투자 수익률이 후속 교육이나 성인기 지원보다 훨씬 높다는 '해크먼 곡선'을 제시했다. 예를 들어, 5세 영유아에게 1달러를 투자하면 60년 후 300달러의 사회적 가치로 돌아온다는 연구 결과는 많은 이들에게 0~3세 교육의 중요성을 다시 한번 일깨워주었다.

헤크먼 교수의 연구는 20세기 말, 저출산 문제를 겪고 있던 유럽 국가들에도 큰 영향을 미쳤다. 프랑스, 스웨덴, 노르웨이 등은 이 연구 결과에 용기를 얻어 과감하게 교육 정책을 개혁하기 시작했다. 이들 국가는 의무교육의 시작 연령을 3세로 낮추고, 영유아 보육 및 교육에 대한 투자를 전면적으로 확대했다. 그 결과, 영유아 보육 문제가 해결되는 동시에 출생율이 반등하기 시작하는 놀라운 성과가 나타났다. 미국 바이든 정부도 의무교육의 시작 연령을 3세로 낮추는 방안을 발표했다. 이는 정부의 적극적인 정책 개입이 저출산 문제 해결에 효과적일 수 있음을 보여주는 사례이다.

CTS다음세대운동본부의 출범은 바로 이러한 노력의 일환이었다.

한국 교회의 주중 유휴 공간을 활용하여 청년들이 자녀 보육과 교육의 부담을 덜 수 있도록 돕고, 이를 통해 청년들이 안심하고 결혼하고 출산하는 문화를 만들어 가고자 하는 것이 그 목적이다. 교회는 단순히 신앙생활의 장을 넘어, 지역사회와 협력하여 다음 세대를 위한 교육과 보육을 책임지는 중요한 역할을 할 수 있다.

CTS다음세대운동본부는 교회의 자원을 활용해 다음 세대의 교육과 보육을 책임지고, 이를 통해 출생율 문제까지도 해결할 수 있다는 믿음 위에 출범했다. 한국 교회의 지도자와 성도들이 이 운동에 함께 동참한다면, 우리는 새로운 문화를 형성할 수 있을 것이다. 이러한 문화는 결국 출산을 장려하고, 사회 전체에 긍정적인 변화를 가져올 것이다.

특히, CTS다음세대운동본부는 지역 교회의 공간을 열어 지역사회의 다음 세대를 세우는 데 투자하고, 정부와 지방자치단체의 지원과 협력을 이끌어내어 청년들이 안심하고 결혼하고 자녀를 낳을 수 있는 사회를 만들어가겠다는 비전을 품고 있다. 이를 위해 한국 교회는 다양한 협력을 통해 영유아, 청소년, 청년, 부모, 교회학교, 대안학교 등을 위한 수준 높은 콘텐츠를 개발하고, 이를 확산시킴으로써 저출산과 다음 세대 위기를 해결하고자 노력해야 한다.

행복한 출생, 든든한 미래를 위한 끊임없는 도전
– '저출생대책국민운동본부'출범 –
– 세미나, 포럼, 입법청원 서명운동 등을 통한 전략적 전진 –

2022년 저출생대책국민운동본부 출범식

"행복한 출생, 든든한 미래"라는 슬로건 아래, 2022년 8월 24일 저출생대책국민운동본부(출대본)가 공식 출범했다. 출대본은 범국민적 운동 단체이다. 저출산에 따른 인구절벽 문제는 단순히 인구 감소의 문제를 넘어, 사회 전반에 걸친 심각한 영향을 미치는 복합적 위기로 인식되었고, 이에 따라 종교계, 학계, 교육계, 재계, 시민단체 등 각계의 지도자들이 모여 출대본을 결성하게 되었다.

출대본의 출범식은 다양한 사회 지도자들이 한자리에 모여 저출산 문제에 대한 인식을 공유하고, 이를 해결하기 위한 실질적인 방안을 모색하는 자리였다. 감경철 회장이 본부장을 맡았고, 이철, 이순창, 권순웅, 김태영, 장종현, 오정현 등 각 분야의 주요 인사들이 총재로 임명되었으며, 변창배 운영위원장과 장헌일 기획위원장이 그 운영을 맡았다.

출대본은 저출산 문제를 국가적 과제로 인식하고, 이를 해결하기 위한 범국민적 참여와 노력을 이끌어내기 위해 출대본의 활동을 적극적으로 추진해 왔다. 출대본의 주요 목표는 저출산 문제를 해결하고, 지속 가능한 발전을 이루기 위한 구체적인 대책을 마련하는 것이다. 이를 위해 출대본은 전국 각지에 지역본부를 설립하여 저변을 확대하고, 정부와 국회에 정책 제안을 통해 저출산 극복을 위한 다양한 방안을 모색했다. 또한, 학계와 협력하여 심도 있는 연구 활동을 펼치며, 저출산의 원인과 해결책에 대한 과학적 분석을 바탕으로 한 정책 제안을 지속했다.

출대본이 개최한 정책세미나와 발간 자료들

2023년 봄, 출대본은 첫 번째 정책세미나를 개최하며 본격적인 활동을 시작했다. 이 세미나는 저출산 문제 해결을 위한 다양한 정책적 대안을 논의하는 자리였으며, 학계 전문가와 시민단체, 종교계 인사들이 발제자로 참여하여 저출산 문제의 심각성과 이를 극복하기 위한 구체적인 방안을 제시했다.

　출대본은 저출산 문제 해결의 핵심이 영유아 돌봄과 교육에 있다고 보고, 이를 중심으로 한 정책적 접근을 강조해 왔다. 돌봄 문제의 해결을 위해서는 정교한 돌봄 시스템의 구축과 함께 전국민적 참여가 필수적이라고 인식하고 있으며, 이를 위한 사회적 공감대 형성과 협력 체계 구축에 주력하고 있다. 출대본은 저출산 문제를 단기적인 대응이 아닌, 장기적인 사회적 과제로 인식하며, 지속 가능한 발전을 위한 기틀을 마련하는 데 중점을 두고 있다.

　특히 2023년 7월부터는 종교시설의 유휴공간을 활용한 아동돌봄의 법적 기반을 마련하기 위해 '아동돌봄 입법청원 서명운동'을 시작했다. 순식간에 3000여 개 교회에서 20만여 명의 서명이 모였고 출대본은 이를 6권의 책자로 만들어 국민의힘 이채익 의원과 더불어민주당 김회재 의원에게 전달했다. 이후로도 서명운동은 계속 진행되어 현재 40만여 명에 이르고 있다.

출대본은 교회시설 아동돌봄을 위한 입법청원 서명운동을 진행하여 국회에 전달했다.

2024년에도 출대본의 활동이 활발히 이어졌다. 1월에는 제22대 총선을 앞두고 여야를 대상으로 '초저출생극복을 위한 아동돌봄 정책'을 제언하였고 2월에는 마침내 보다 폭넓은 활동을 펼치기 위하여 사단법인 행복한출생 든든한미래가 설립되었다.

출대본의 활동은 저출산 문제 해결을 위한 범국민적 운동으로 자리매김하며, 대한민국의 미래를 위해 필요한 실질적 변화를 이끌어내는 데 중요한 역할을 하고 있다. 이 운동은 단순히 출생율을 높이는 것을 목표로 하는 것이 아니라, 출생과 돌봄, 교육에 대한 종합적인 접근을 통해 사회 전체의 구조적 변화를 이끌어내려는 장기적이고 포괄적인 전략을 기반으로 하고 있다.

저출생대책국민운동본부는 대한민국이 직면한 인구절벽 문제를 극복하고, 보다 지속 가능한 사회를 만들기 위한 중요한 이정표가 될 것이다. 이 운동을 통해 출대본은 대한민국의 미래를 위한 중요한 발걸음을 내디뎠으며, 앞으로도 지속적인 노력과 협력을 통해 저출산 문제를 해결하고자 하는 의지를 계속 이어갈 것이다.

2부

저출생과 싸우는
대한민국

대한민국이 초저출생이라는 국가적 재난에 처할 때까지 정부는 뭘 하고 있었을까? 사실 지난 시절 대한민국의 저출생 정책이 결코 방만하거나 몰지각했다고 볼 수는 없다. 오히려 선출직과 임명직 공무원 모두가 사명감을 가지고 전력을 다해왔으며 힘이 미치는 한 최선으로 분투했다고 해야 한다. 그럼에도 정책이 항상 실패로 끝나고 출생율이 반등하는 기미조차 보이지 않았던 것은 어떤 까닭일까? 정부의 정책이 항상 너무 늦거나 너무 성급하게 현장에 도착했기 때문이다.

과거의 시책을 보면 정부가 저출생 현상을 다소 안이하게 바라보았고 기본적으로 2000년대초라는 너무 늦은 시기에 대책 강구를 시작했음을 알 수 있다. 그러나 또다른 문제는 성급함이었다. 저출생 대책은 시대적 변화를 감지하고 따라가는 것만으로는 충분하지가 않다. 오히려 시대적 변화를 주도하고 이끌어가는 역할을 해야 했다. 이러한 투쟁적인 의지가 없었기에 결국 정부 정책은 시대 변화에 끌려다니느라 길을 잃어버리곤 했던 것이다.

지난 참여정부 시절부터 지금의 윤석열 정부에 이르기까지, 지금껏 정부가 싸워온 기록을 통해 우리는 21세기 시대적 변화의 중대한 추이를 읽을 수 있을 것이며 따라서 매우 뜻깊은 활로를 발견할 수도 있을 것이다. 정부의 저출생 대책은 올바른 방향을 잡았지만 그럼에도 실패한 그런 시책들이었다. 우리는 이 길을 다시 되짚어, 이번에는 '모두가 함께' 걸어가야 할 필요가 있다.

인간의 유구한 역사 속에서 본격적인 출산 정책이 등장한 것은 근대 이후의 일이다. 전근대 사회에서 출산은 먹고 자는 것만큼이나 자연스러운 일이었으며 전쟁이나 대기근과 같이 인구수가 급격히 감소하는 상황에서도 국가적인 출산 장려 조치는 필요하지 않았다. 사람들은 아주 당연하게도 아이를 낳았다.

경북대 박희진 박사가 조선시대 2만여 편의 기록물을 검토하고 이를 데이터화하여 발표한 바에 따르면 당시 여성들의 합계출산율은 6.9명으로 추산된다. 출산 자체가 위험했던 시절이고 이른 나이에 세상을 떠나는 여성도 많았을 테니, 반대로 10명의 넘는 아이를 낳는 가정을 쉽게 찾아볼 수 있어야 나올 수 있는 수치다. 많이 태어나고 또많이 죽는 시대였다.

다산다사의 전근대 시대를 지나 근대사회의 출산 정책은 산아제한을 목표로 삼았다. 1789년 영국의 경제학자 토머스 맬서스가 쓴 인구론에 따르면 인구증가는 모두를 망하게 하는 국가적 재앙이다. 이 같은 인식이 근대국가 출산 정책의 기본 방향을 결정지었다. 대한민국의 출산 정책은 1962년 보건복지부가 대대적으로 홍보한 슬로건 문구로 요약된다.

'덮어 놓고 낳다 보면 거지꼴을 못 면한다'

당시 정부가 추진한 가족계획사업은 피임과 불임시술, 산아제한 캠페인과 더불어 면(面)마다 1명 이상의 가족계획요원을 배치하여 교육과 지도를 펼치는 일종의 계몽운동이었다. 몰지각하게 애를 낳는 국민들을 계몽시키자는 것이었다. 인구증가율 2% 아래를 밑으로 펼쳐진 가족계획사업은 1962년부터 1976년까지 3차에 걸쳐 이루어졌고 큰 성과를 거두었다. 마침내 대한민국이 핵가족화된 것이다.

당시 쥐잡기 운동처럼 전국에서 행해진 출산 정책의 이념과 사상은 1980~1900년대에도 남아있었다. '둘만 낳아 잘 기르자' 셋째부터는 의료보험 적용을 받지 못하는 정책이 90년대 초까지 이어졌고 무료 정관수술을 받으면 예비군 훈련을 빼주는 혜택도 계속 남아있었다. 정책이 관료적 관성에 끌려가느라 곧 밀려 들어올 첨예한 시대적 변화를 감지하지 못한 것이다.

다산성

인간에게는 생존과 번식의 본능이 있다고 한다. 이것을 다른 말로 하면 개체 유지의 본능과 종족 유지의 본능이다. 종교인과 같이 보다 고차원적인 가치를 지향하는 사람들을 제외한 대부분의 사람들은 이 두 가지 본능을 실현시키기 위해 살아가고 있다는 것이 과학자들의 설명이다. 그런데 여기서 본능이라 함은 학습 없이 날 때부터 유전적으로 지니고 있는 행동 양식이다. 따라서 우리는 교육받은 이들이 별로 없었던 전근대사회에는 이와 같은 본능의 힘이 지금보다 훨씬 더

컸으리라고 상상한다.

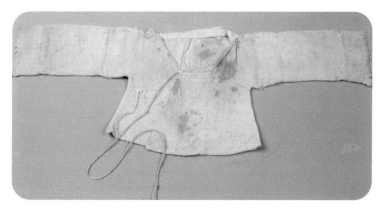

고름을 길게 낸 조선시대 배냇저고리
(출처 : 한국학중앙연구원)

이런 상상력으로 빚어진 인물이 바로 흥부
다. 구전되는 내용마다 조금씩 다르지만 최대
30명이나 되는 아이를 줄줄이 낳아 길렀다는
흥부네 이야기가 우리에게는 자못 우스꽝스럽
게 들리는 것이 사실이다. 하지만 정말로 흥부
는 단지 본능만으로 이처럼 많은 아이를 낳게
되었던 것일까?

토마스 맬서스의
'인구론' 초판 표지(1798)
(출처: 크리스티스)

전근대사회 다산의 경향은 일반적인 것이었
으며 이는 조세 목적으로 호구조사가 잦았던
조선시대의 기록물에서도 확인된다. 양반집 여
성이 생애 동안 평균 6~8명의 아이를 낳았을 것으로 추정되는데 그럼
에도 인구수가 폭발적으로 증가한 것 같지는 않다. 영아사망률이 매

우 높았고(박희진 박사는 당시의 기록에 의거해 이 시대 영아사망률을 50~60%로 추정한다) 평균수명 또한 낮았을 것으로 보이기 때문이다.

그렇다면 흥부네 집안 사정도 조금은 이해가 간다. 흥부가 살았던 시대에는 태어난 아기에게 고름이 길게 달린 배냇저고리를 입혀 온 아이의 수명이 길어지길 기원하고 없는 살림에도 돌잔치를 거하게 치러주며 기뻐했을 만큼 아기의 생존이 감격스러운 일이었다. 한편으로 전근대사회의 출산은 곧 미래에 대한 투자이기도 했다. 기계장치가 없던 시대에는 노동력이 곧 그 집안의 재산이었고 유교적 가치에 기반하는 조선 시대에는 늙은 부모가 자식에게 기대할 수 있는 것이 훨씬 더 많았다. 여기까지 생각해보면 흥부가 꽤 합리적인 선택을 한 것처럼도 보인다.

하지만 그럼에도 결국 흥부의 다산은 어리석은 선택이었다. 흥부 이야기에 따르면 그의 집안 사정이 찢어지게 가난했다고 나오기 때문이다. 왜 그렇게 가난했을까? 그저 흥부가 어디 나가서 손해만 보고 돌아오는 못난 가장이었기 때문이었을까? 그게 아니라 아이가 너무 많았기 때문이다. 애초에 다산다사의 시대에 흥부네 집에서는 왜 그렇게 많은 아이들이 생존할 수 있었는지를 검증해보아야 한다. 흥부전의 형성시기로 추정되는 18세기 조선 후기사회는 경지 면적이 확대되고 농법이 발전하는 한편, 의학도 발달하여 다산다사에서 다산저사의 형태로 인구변천이 진행되는 중이었다. 그런 시대였기에 아이는 낳는 족족 먹여 살려야 할 입이 되었던 것이다.

전근대사회의 인구문제에 대한 논의를 개진한 토마스 맬서스의 인구론에 따르면 억제되지 않고 자연 성장하는 인구수는 필연적으로 경제의 불균형상태를 초래한다. 인구가 늘어나면 국가 단위에서는 식량을 비롯한 자원이 부족해지고 가정 단위에서는 노동 공급 총량의 증가에 따른 임금의 하락이 일어난다. 이 같은 불균형은 세상을 빈곤과 죄악으로 오염시킬 것이고 종국에는 파멸로 이어질 것이므로 이를 해결하기 위해서는 산아제한, 결혼 연기 등의 출산 억제 정책을 시행해야 하고 나아가 기근, 질병, 전쟁 등도 억제책으로 강구되어야 한다는 것이 맬서스의 극단적인 생각이었다. 실제로 흥부가 겪었던 빈곤은 제비의 도움이 없었다면 그와 그의 가정을 파멸시켰을 것이다.

물론 맬서스가 인구론에 쓴 전망은 근대기 산업혁명으로 인한 생산성 향성과 질소 비료의 발명으로 인한 식량의 비약적 증가 등으로 인해 현실화되지 않았다. 그러나 그가 제시한 인구 증가에 대한 새로운 시각은 후세의 사고방식에 많은 영향을 미쳤다. 남아 출산과 다산을 장려한 조선시대의 유교적인 인구 이념을 비롯해 전근대사회에서 출산은 인간이 살아가는 이유로서 매우 가치 있고 감동적인 일이었다. 그러나 인구론 이후로 사람들의 생각이 바뀌었다. 다산은 세련된 삶과 동떨어진 본능이 되었고 흥부의 이야기도 더욱 우스꽝스럽게 느껴졌던 것이다.

가족계획

조선 후기의 호구수에 대한 조사 기록은 여럿 남아있음에도 그 인구수를 정확히 알기는 힘들다. 당시의 호구조사는 신고제로 시행되었는데 과도한 조세와 부역에 대한 부담에 짓눌린 백성들이 신고를 주저했으며 행정 관료에게 돈을 주고 회피하는 경우가 다반사로 일어났기 때문이다. 현대적인 인구통계가 작성되기 시작한 것은 일제강점기의 일로서, 조선총독부가 1910년에서 1943년까지 연도별 연말현주호구조사(年末現住戸口調査)를 실시했다. 여기 따르면 1910년 우리나라의 인구수는 약 1313만명이며 1943년 2439만으로 연평균 1.9%의 성장률을 보였다(한국민족문화대백과사전 인구(人口)).

연도	인구수(천명)		동태율(%)		
	국세 조사치	현주인구 조사치	조출생률(CDR)	조사망률(CDR)	자연증가율(NIR)
1910	–	13,129	13.3	8.2	5.1
1915	–	15,958	27.3	21.1	6.2
1920	–	16,916	277	23.3	4.4
1925	19,020	18,543	38.4	20.7	1?1
1930	20,438	19,686	38.2	18.9	19.4
1935	22,208	21,249	29.3	19.7	9.6
1940	23,548	22,955	32.0	18.0	14.0
1944	25,120	24,390 (1943년)	31.3	20.8	10.5

일제강점기의 한국 인구 성장 추이
1910~1944년 인구수와 출생,사망,자연증가 동태율

연도	인구수(천명)	연평균 인구성장률(%)
1946	19,369	
1949	20,167	1.4
1955	21,502	1.1
1960	24,989	2.9
1966	29,160	2.6
1970	31,435	2.0
1975	34,679	1.9
1980	37,436	1.5
1985	40,449	16
1990	43,411	1.4
1995	44,609	0.5

1946~1995년 인구수와 인구성장률

광복후 남한의 인구수 조사에도 성장세는 계속되었다. 특히 6·25 전쟁으로 인한 인명손실과 남북간 인구이동으로 인구의 대대적인 재편이 이루어지고 있는 상황에도 불구하고 인구수 자체는 꾸준한 성장세를 보여 1955~1960년간에는 연평균 2.9%의 역사상 가장 높은 인구 증가율을 보이기도 한다. 이와 같은 성장세의 배경에는 아이러니하게도 전쟁이 있었다. 2차 세계대전 이후 과거 식민지였던 나라들이 각종 의약품이 보급되었으며 6·25 전쟁 이후로는 서방세계의 의료, 식량 지원이 대폭적으로 늘어나 사망률이 낮아지고 인구가 급속도로 늘게된 것이다. 우리나라만이 아니었다. 한국, 대만, 싱가포르, 태국 등 개발도상국들의 인구증가 속도는 무서울 정도로 급격했고 이는 서방 지도자들에게 맬서스를 떠오르게 했다. 세계정세에 인구위기론이 대두된 것이다.

전근대 다산다사의 인구 안정기가 소산소사의 근대적 인구 안정기로 전환하는 것을 인구변천(Demographic transition)이라고 한다. 인구변천을 경험하는 나라들은 모두가 그 중간과정인 고출생 저사망의 과도기를 겪는 것으로 알려져 있다. 20세기 중엽 이 같은 과도기를 겪고 있던 개발도상국들은 유엔의 주도 아래 인구 안정화 작업에 착수해야 했다. 그 작업이 바로 출산억제정책, 가족계획사업이었다.

우리나라에서 국가가 인구정책을 통해 본격적으로 인구문제에 개입한 것은 제1차 경제개발5개년계획이 시작된 1960년대 초반이었다(2023년 인구정책의 전망과 과제, 이소영) 당시의 경제개발계획은 가족계획사업을 국가시책으로 포함하고 있었고 1961년 12월부터 전국적으로 사업이 추진된다. 피임제의 생산과 공급을 장려하고 가족계획자문위원회를 설치하는 한편, 전국의 보건소마다 가족계획상담실이 설치 운영되었다.

당시의 가족계획 홍보물

가족계획 사업은 공식적으로는 1960년대부터 1990년대 중반까지 시행되었으며 사업 자체로는 큰 성과를 거두었다. 출산율이 과거에 비해 비약적으로 감소하였기 때문이다. 이 사업은 국민들을 대상으로 한 계몽적 캠페인의 성격이 있었기 때문에 항상 표어가 동반되었다.

1961~1966년 '알맞은 수 자녀 갖기 운동' 당시의 표어는 '알맞게 낳아 훌륭하게 기르자' 였으며 당시 합계출산율은 5.4명(1966년)이었다. 1967~1971년에는 '세 자녀 갖기 운동'을 펼쳤으며 표어는 '세살 터울로 세 자녀만 35세 이전에 낳자'였다. 당시의 합계출산율은 4.3명(1970년)이었다.

1972~1976년에는 '두 자녀 갖기 운동'이 펼쳐졌다. 이때의 표어가 잘 알려진 '아들딸 구별 말고 둘만 낳아 잘기르자'였으며 합계출산율은 3.6명(1974년)이었다. 1977~1981년까지의 '가족계획 생활화' 당시

에는 '하루 앞선 가족계획 십년 앞선 생활 계획'을 표어로 합계출산율이 2.8명(1980년)까지 내려갔다.

1982~1990년에는 '한 자녀 갖기 운동'이 시행되었다. '하나씩만 낳아도 삼천리는 초만원'이 이때의 표어로 합계출산율은 1.6명(1988년)이었다. 특히 1983년에는 인구를 유지할 수 있는 합계출산율 수치인 2.1명대 아래로 떨어지며 오늘날의 인구재앙이 시작하는 지점이 되고 말았다. 가족계획사업의 마지막 시기인 1991~1995년에는 '적게 낳아 건강하게 키우자'는 표어가 붙었다. 합계출산율은 전과 동일하게 1.6명대(1991년)였다.

사회 곳곳에서 시행된 가족계획

각 시기의 표어는 어느 곳에서나 볼 수 있었다. 우표, 담뱃갑, 극장표, 통장, 복권을 비롯하여 버스와 지하철에도 표어가 부착되었으며 자녀가 적은 가정에 세금 혜택과 공공주택 할당, 금융대출 우선순위 부여, 의료혜택까지 제공했다. 피임에 대해서는 특히 적극적인 홍보와 계몽활동이 행해졌다. 정부의 가족계획사업이 매우 열심있게 추진된 것으로 그 성과가 그냥 나온 것이 아님을 알 수 있는 대목이다. 그러나 피임은 물론 각종 의료적 수단이 동원되면서 정부에 반대하는 목소리가 터져 나오기도 했다. 특히 정관수술을 꺼려하는 남성 대신 여성에 대한 난관수술, 인공임신중절을 제도적으로 강요한 결과 당시 경제활동의 증가로 자신들의 목소리를 낼 수 있게 된 여성들로부터 여성성을 도구화한다는 비난을 받기도 했다.

정부의 가족계획사업은 국제사회와 국내 민간 분야의 엘리트들로부터 요청된 계몽적 가족계획을 국가 정책적으로 시행한 것이었다. 이미 1920년부터 우생학이 보급되고 여성운동가이자 산아제한 운동의 창시자인 마거릿 생어(Margaret Sanger)가 경성에 방문하여 산아제한에 대한 논쟁에 불을 붙인 바 있었다. 1954년 내한한 미국인 선교사 워스(George C. Worth. 한국명 오천혜) 또한 농촌 선교 당시 집집마다 가득한 아이들이 영양실조로 쓰러져있는 모습을 보고 가족계획 운동을 시작했다. 정부에 앞서 가족계획상담소를 운영하고 피임법을 보급한 것도 민간이었다. 1958년에는 서울대학교 산부인과에 피임서비스를 제공하는 가족계획상담소가 개설되었고 같은 해 대한어머니회는 서울시에 16개 가족계획상담소를 설치했다.

60년대 당시의 합계출산율이 5명대였음을 기억하자. 초창기의 가족계획에는 가난하고 배고픈 시대를 견뎌야 한다는 절박감이 있었고 직접 현장에서 참상을 보았던 민간으로부터의 긴급한 요청이 있었다. 그러나 큰 성공을 거둔 국가정책이 가져오는 악영향은 분명히 있었다. 먼저는 여성에 대한 수술 강요에서 보았듯 그것이 언제든 국가적인 폭력으로 심화될 수 있다는 것이었다. 또 하나의 악영향은 그것이

제도화되고 고착화되면서 다가올 시대적 변화의 물결을 가로막고 방해하는 구태가 될 수 있다는 것이었다. 이 시기 사람들은 출산율 하락이 가져올 사회경제적 충격파를 제대로 알지 못하고 있었다.

IMF 사태

1980	1981	1982	1983	1984	1985	1986	1987	1988	1989	1990
2.82	2.57	2.39	2.06	1.74	1.66	1.58	1.53	1.55	1.56	1.57

80~90년대 합계출산율

물론 90년대가 되자 정부도 공식적인 산아제한 정책을 중단했다. 1980년대에 기록한 1명대의 합계출산율은 세계적으로도 최저치 수준이었으며(당시 가장 낮은 수치는 서독이 기록한 합계출산율 1.3명대였다) 인구 대체율인 2.1명보다도 한참이나 낮은 것이었기 때문이다. 단지 OECD 선진국의 평균 수치(1.6~1.8명)와 같은 수치를 기록하고 있다는 점만이 허울뿐인 위안거리로 남았다.

1996년 8월 문민정부가 출산정책을 산아 자율정책으로 전환하면서 수십 년 동안을 이어온 산아제한은 역사 속으로 사라졌다. 같은 해 12월, 마침내 대한민국이 29번째 OECD 회원국이 되며 20세기 국민 모두의 숙원이었던 선진국 진입으로의 활로가 열리는 것으로 보였다. 이듬해 연말이 되자 국민들은 충격적인 뉴스를 접하게 된다. 정부가 IMF에 구제금융을 신청했다는 뉴스였다.

1997년 11월, 국제통화기금 협의단과 대면한 정부 관계자들
(출처 : 월간중앙)

90년대 중반까지 경제성장률 9%대(1994년 9.3%, 1995년 9.6%)를 연이어 기록하며 활기 넘치던 경제 상황은 구제금융 신청 이후 경제성장률이 −5.1%(1998년)로 주저앉으며 보도들도 못한 침체기를 맞이했다. 서민들이 직격탄을 맞았다. 사업을 하던 이들이 길거리에 나앉고 혹독한 구조조정 속에서 일자리를 잃은 사람들도 넘쳐났다.

이전까지 1.6~1.7명대를 기록 중이던 합계출산율에서도 오늘날 우리가 익히 알고 있는 출산율 저하의 늪이 펼쳐지기 시작했다. 합계출산율이 1.4명대로 급격히 낮아지고(1998년 1.46명, 1999년 1.42명) 새로운 밀레니엄이 시작되면서 경제도 회복 기미를 보이기 시작했으나 한번 낮아진 합계출산율은 올라가질 않았다.

2000년(1.48명)에 이어 마침내 2001년 1.3명대의 합계출산율이 기록되었다. 1.3명대는 인구학에서 초저출산으로 분류되는 수치이며 다른 국가, 지역으로부터의 대규모의 인구이동 없이는 기존의 인구를 유지하기 어려운 수치이다. 한국은 2001년 이래 단 한 번도 1.3명을 넘어

서지 못하고 오히려 그 수치가 계속해서 떨어져갔다.

1998년 당시의 IMF 사태는 출산율은 물론 삶의 양식을 재정의했다. 실업난과 경기 침체, 대규모의 구조조정을 경험한 결과, 직장에서는 비정규직이 일반화되었고 가정에서는 아이를 낳는 일을 조심스러워하게 되었다. 극심한 빈부격차 또한 IMF 사태 이후에 정립된 뉴노멀한 사회의 일반 모습이었다.

2장 새로운 법

  새로운 밀레니엄에 대한 설렘과 2002년 월드컵의 흥분, 축제와 같이 들뜬 분위기에서 치러진 16대 대선을 지나 2005년 5월 대한민국에 새로운 법이 찾아왔다. 바로 저출산·고령사회 기본법이었다.

  '국가는 종합적인 저출산·고령사회정책을 수립·시행하고, 지방자치단체는 국가의 저출산·고령사회정책에 맞추어 지역의 사회·경제적 실정에 부합하는 저출산·고령사회정책을 수립·시행하여야 한다'
  '국민은 출산 및 육아의 사회적 중요성과 인구의 고령화에 따른 변화를 인식하고 국가 및 지방자치단체가 시행하는 저출산·고령사회정책에 적극 참여하고 협력하여야 한다.

  국가와 국민의 새로운 책무를 규정한 이 법의 테제가 당대 사람들에게는 잘 안 와닿았을 수도 있다. 저출생 문제가 체감되는 때가 아니었고 고령화도 당장의 일이 아닌 것만 같았다. 무엇보다 이 법 자체가 다소 어중간한 가치와 의미를 지니고 있었다. 20세기와 21세기라는 시간적 차이, 국가의 지속적 발전과 국민의 삶의 질 향상이라는 과제적 양면성, 나라의 미래운명을 결정짓는 거시 계획처럼도 보이고, 그저 개인의 행복한 내일을 이야기하는 미시 담론처럼도 보이는 해석의 차이가 국가와 국민에게 새롭게 주어진 책무를 애매모호하게 했다.

더이상 전쟁이나 급성장 시기처럼 국가 권력이 개인에게 뭔가를 강요할 수 있는 때가 아니다. 그렇다면 저 문구는 태평한 시절의 권장 사항을 뜻하는가? 아니다, 저 책무를 수행하지 않으면 말 그대로 나라가 '망할 수'도 있다. 이 법이 규정한 바와 같이 국가는 5개년 계획을 수립하여 시행하여야 한다. 마치 지난 시절의 경제개발 계획과도 같이 말이다. 또한 이 법이 규정한 바와 같이 국민들은 국가의 정책에 전적으로 참여하고 협력해야 한다. 마치 전쟁 시기의 동원령과도 같이 말이다. 그러나 당대 사람들에게 이 새로운 법의 의미는 그저 신문 기사 몇 줄, 뉴스 한 꼭지처럼 사소한 느낌으로만 다가왔다.

인구절벽

IMF 사태 이후, 아직 경제적으로 많이 어렵던 시기에 사람들은 새로운 밀레니엄에서 희망을 찾았다. 2000년 1월 1일 0시, 안양에서 태어난 한 아기에게는 밀레니엄 베이비라는 이름을 붙이고 전 사회가 축복의 인사를 전했다. 산부인과도 만원이었다. 2000년의 신생아 수는 전년보다 2만 명 많은 64만 명이었다.

그러나 이듬해 60만 명 선이 붕괴되고 한일월드컵이 개최된 2002년에는 50만 명 선이 붕괴되었다. 경제가 회복 기미를 보이고 월드컵에서 대단한 성적을 내며 온 세상이 밝고 희망차 보였지만 2002년의 출산율과 인구 상황은 그런 사회 분위기와는 다른 지표를 기록하고 있었다.

이 시기에는 또한 언론에서 딩크(DINK(Double Income, No Kids) 족이라는 단어가 등장했다. 주간한국에 2003년 실린'2003 딩크족 둘만의 행복, 나만의 삶을 위해' 기사를 보면 '거칠 것 없는 풍요로운 인생 추구… 다시 주목받는 맞벌이 부부 딩크족'이라는 표현이 쓰이고 있다. 해당 기사에 나오는 딩크족의 정의는 '정상적인 부부생활을 영위하면서 의도적으로 자녀를 두지 않는 맞벌이 부부'인데 '맞벌이 부부' 쪽에 무게중심을 두어 밝고 긍정적으로 표현한 것이다. 당대의 낙천성이 읽히는 부분이다. 인구가 계속 감소하고 있었지만 그 문제는 나중에 대응해도 된다는 무사안일한 생각이 사람들을 사로잡고 있었다.

그러나 2002년은 인구절벽이 시작된 해였다. 인구 분포 그래프상에서 아래쪽에 있는 생산가능인구(만 15~64세)가 급속도로 깎여 들고 고령 인구(만 65세 이상)가 늘어나면 그 모양이 마치 절벽과 같아진다. 이것이 인구절벽인데, 이 현상이 일어난 국가들에서는 곧 사회 전 분야에서 악몽과도 같은 거대한 침체기를 겪게 된다.

이때는 비록 인구절벽 이론(2014년 미국의 경제학자 해리 덴트 · Harry Dent가 주창)이 제기되기 전이었지만 누구나 그래프를 보면 일할 수 있는 사람이 줄고 부양해야 할 사람이 늘고 있다는 사실을 단번에 알 수 있었다. 심상치 않은 분위기를 감지하고 나라의 지속발전 가능성을 우려하는 사람들이 조금씩 늘어나기 시작했다. 이제는 정부 또한 대책을 강구해야 했다.

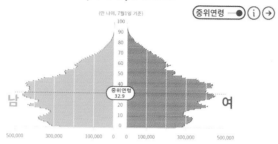

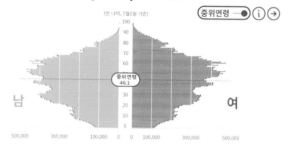

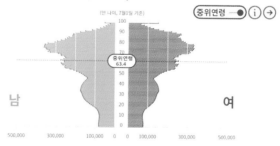

2002년과 2024년, 그리고 2072년(예상)의 인구분포도
(출처: KOSIS 인구상황판)

저출산 · 고령사회기본법의 제정

2005년, 저출산고령사회위원회 위원에게 위촉장을 수여하는 노무현 대통령
(출처: e영상역사관)

저출산보다 먼저 이슈가 된 것은 고령화였다. 2003년 2월 출범한 참여정부는 같은 해 10월, 인구고령사회대책팀을 구성하여 해당 문제에 대한 대책을 강구하게 했다. 점차적으로 진짜 문제가 저출산에 있음이 드러나기 시작했다. 제253회 국회 제1차 법안심사소위원회에 '고령사회기본법안', '고령화 및 인구대책기본법안', '고령사회기본법안' 등 법률안과 함께 '저출산사회대책기본법안'이 제출되었고 이 4건의 법률안을 근거로 2005년 4월 '저출산 · 고령사회기본법안'이 만들어졌다.

그 내용은 국가와 지방자치단체가 저출산과 고령사회에 대한 대책을 수립하여 시행한다는 것이었고 이를 위해 저출산 고령사회 기본계획을 5개년 단위로 작성한다는 것이었다. 또한 기존의 대책팀은 대통령 직속의 '저출산·고령사회위원회'로 격상하여 운영할 것을 명시하고 있었다.

「새로마지플랜2010」은 제1차 저출산·고령사회기본계획의 정책 브랜드로서 "새로마지"는 "새롭고 희망찬 출산에서부터 노후생활의 마지막까지 아름답고 행복하게 사는 사회" 라는 의미와, "희망찬 미래와 행복이 가득한 사회를 새로 맞이하겠다"는 의지를 표현하고 있습니다.

제1차 저출산·고령사회기본계획의 간행물 표지와 새로마지플랜의 뜻풀이

1년 후에는 제1차 저출산·고령사회기본계획이 시행됐다. 2006~2010년 동안 시행된 이 국가적인 사업은 '모든 세대가 함께하는 지속발전가능사회'을 비전으로 삼았고 저출산 문제에 있어서는 '출산과 양육에 장애가 없는 환경 조성'을 위한 사업을 추진했다. 출산과 양육에 어려움을 겪는 저소득층 가정을 대상으로 시설과 보육비 등을 지원하는 것이 그 주된 내용이었다.

제1차 저출산·고령사회기본계획은 '새로마지 플랜 2010'이라 불렸다. 행복한 출산과 노후를 새롭게 맞이하자는 뜻이었다. 그러나 새로마지 플랜 2010의 궁극적인 목표는 국민의 행복추구권이 아닌 국가의 지속 발전을 가능하게 할 성장 동력의 확보에 있었다. 물론 그 과정에서 국민들 또한 행복해진다면 그 이상 좋은 일도 없었다.

저출산 · 고령사회기본법은 그때까지 우리 사회에 잠재한 위험 요소였던 출산율 감소와 인구 고령화의 문제에 대응하기 위한 법적 기반을 마련했다는 점에서 의의를 가지고 있었다. 또 한편으로 저출산 고령사회기본법은 임신 · 출산 · 양육 · 교육 등 그전까지 가정의 단위에서 수행되던 육아의 사회화에 대한 공식적 선언이기도 했다. (이영분 · 신준섭 · 최희정 · 박상진 · 최혜지. 2004. '고령사회와 노인인구의 보건 · 복지' 건국대학교 출판부) 그러나 아직 이때까지 대부분의 사람들은 저출생 현상이 얼마나 우리 사회 깊숙이 뿌리를 내리고 있는지, 얼마나 긴 시간 동안 싸워야 할 문제인지를 인식하지 못하고 있었다.

21세기를 살아가는 사람들에게 보다 중요한 것은 나의 행복, 공동체의 행복이었다. 행복은 가능한 한 지체 없이 와야 했다. 20세기가 과거가 되었기에 할 수 있는 말이지만, 그 당시는 정말 고단했었다. 당대의 정치인 손학규는 이와 같은 시대적 요청을 꿰뚫어 보고 2012년 대선 당시 '저녁이 있는 삶'이라는 캐치프레이즈를 내걸어 많은 사람들에게 깊은 인상을 남겼다.

이제는 정책의 뉘앙스가 중요해졌다. 같은 뜻이라도 국가적 발전의 대의보다는 삶의 질 향상과 복지 정책의 추진 의지를 적극적으로 표현해야 한다. 출산 장려금과 보육비, 육아 휴직제의 강화 등의 출산 지원책으로 구성되었던 1~2차 저출산고령사회 기본계획은 계속적으로 보편 복지의 방향으로 발전해나갔다. 당장 출산한 가정을 지원하는 것도 중요하지만 그보다 먼저 사회 각 분야를 일과 가정의 양립이 가능하도록 교정해나가야 한다. 또한 애초에 결혼을 어렵게 만드는 고용과 주거 문제를 해결해서 청년들에게 안정감을 주어야 한다.

제3차 저출산·고령사회기본계획은 분명 이전보다 훌륭해 보였다. 그러나 많은 전문가들이 회의감을 표했다. 과연 사회경제적 근본 원인을 해결하겠다는 정부의 의지는 구체적인 정책으로 이어질 것인가? 저녁이 있는 삶이라는 문구는 아름답다. 그러나 그 아름다움은 문구의 추상성에서 비롯된 것 아닐까? 이것은 과연 이 삭막하고 지독한 현실 세계에서 꽃필 수 있는 정책인가?

제3차 저출산·고령사회기본계획은 그 종료 시점인 2020년의 합계출산율 목표치를 1.5명으로, 2030년 목표치를 1.7명으로 잡았다. 이 상승세를 이어가 2040년 합계출산율 2.1명에 도달하겠다는 것이 최종적인 목표였다. 이는 물론 현실이 되지 않았다.

그러나 종래의 저출생 대책과 비교해보아서는 획기적인 전환이었다. 2018년 저출산고령사회위원회는 2018년 그 핵심과제를 '일하며 아이 키우기 행복한 나라' 만들기와 '아이와 아이를 키우는 부모의 삶의 질 개선'으로 발표하며 정부의 저출생 대책이 국민의 삶의 질 상승과 결부되어 있음을 명시했다. 국민의 삶의 질 상승, 그 중심에 있는 것은 바로 육아와 돌봄이었다.

키워드 : 삶의 질

저출산·고령사회기본법이 탄생하고 제1차 기본계획이 실시된 2006년과 2007년에는 연속으로 합계출산율이 소폭 올라갔다. (2005년 1.076명 → 2006년 1.123명 → 2007년 1.226명) 특히 2007년은 황금돼지해여서 이 해에 태어난 아이는 부자가 된다는 속설이 퍼지기도 했다. 2006년부터 2010년까지 출산율은 오르락내리락했으나 초저출산의 경계인 1.3명대 밑에서의 움직임이었다. 관계자들로서는 좀처럼 확실한 성과가 나오지 않아 조바심이 느껴질 만한 시간이었다.

2007년, 서브프라임 모기지 사태가 전세계 경제에 악영향을 끼쳤다

　2007년에는 21세기 전세계 지구촌에 막대한 악영향을 끼친 서브프라임 모기지 사태가 터지면서 미국발 금융위기가 한국을 덮쳤다. 힘든 시기였지만 IMF 사태 때와 비교해보면 견딜만했고 그럭저럭 살아갈 수 있는 때였다. 분위기가 이전과는 많이 달랐다. 사람들은 더 이상 금반지를 모으지 않았고 월스트리트에 모여 정부와 부자들에게 항의하는 미국인들의 분노한 얼굴을 TV로 지켜보기만 했다. 이들의 관심은 새로 출시된 아이폰4나 새로 생긴 복합 쇼핑몰에 쏠려 있었다.
　지난 세기에 이어 2000년대에도 10년 동안 숨가쁘게 고도성장의 길을 달려온 한국인들은 조금 지쳐있는 것처럼 보였다. 더이상 성장 발전만을 목표로 살아가고 싶지 않다고 생각하는 이들도 많았다. 2000년대 초반 뜨겁게 불었던 웰빙(well-being) 열풍이 잦아들면서 2010년에는 잘 먹고 잘 사는 일이 무엇인가를 성찰하는 분위기가 생겨났다.

그토록 돈이 많다는 미국인들도 저 모양이 되는 시대인데 돈을 번다고 행복해질 것 같지도 않았다.

휴식이 곧 행복일지도 모른다. 일 대신 휴식으로 삶의 질을 높이자. 바야흐로 저성장 시대에 접어들던 대한민국도 내수를 촉진해 경제에 새로운 활력을 제공할 새로운 가치를 개발하기 위해 분주하게 움직였다. 2010년대 초반에는 Beyond GDP로 나아가기 위해서 삶의 질에 대한 다차원적 측정을 위한 움직임이 활발했다. (삶의 질 지표 관련 해외사례 분석 연구 (김능경 · 김은아 통계개발원)) 이처럼 측정해보니 한국은 OECD 국가 중 삶의 질 지표가 최하위권에 속한다는 결과가 나왔다. 높은 자살률과 더불어 저출산이 그에 결부되었다.

제1차 저출산 고령사회 기본계획 이후, 새로운 저출산 해법을 고심하던 정부에게도 '삶의 질'은 큰 인상을 남겼다. 2012년 대선에서는 모든 대통령 후보가 국민의 삶의 질 개선을 공약으로 내걸었다. 패러다임이 전환하는 시기였다.

제2차 저출산 · 고령사회기본계획

2011년부터 2015년까지 시행된 제2차 저출산 · 고령사회기본계획은 '삶의 질' 이슈가 본격적으로 영향을 끼친 사업은 아니었다. 그보다는 1차 기본계획을 계승한 면모가 있다. 5년동안 총 42.2조원이 투입된 1차 기본계획은 마냥 실패한 정책이라고 볼 수 없었고 활발하게 시행되어 성과와 한계를 모두 드러낸 사업으로 평가받았다. 그렇다면 그 정책 기조를 유지하여 계승 발전시키는 게 두 번째로 시행되는 사업의 방향성이 되어야 했다.

제2차 저출산 · 고령사회기본계획의 간행물 표지와 계획의 추진방향

정부가 배포한 제2차 저출산 · 고령사회기본계획에서는 1차 기본계획의 성과를 저출산고령사회에 대한 범정부적 대응체계 구축에 있다고 평가하며 정책이 일관성 있게 추진된 점을 높이 샀다. 그러나 국민 체감도가 낮고 다소 한 방향으로 편중되어 있었던 점이 한계라고 지적하며 보다 종합적인 대책 마련으로 정책이 국민들의 삶 속에 스며들게 만들고자 했다. 그렇게 '새로마지 플랜 2015'가 야심차게 시작되었다.

'저출산 고령사회 성공적 대응으로 활력있는 선진국가로의 도약'이라는 다소 노골적인 비전을 캐치프레이즈 삼았던 새로마지 플랜 2015. 이 기본계획은 1차 계획이 정부 주도로 진행되었던 것에 반해 범사회적 정책 공조를 목표로 삼았다. 주된 수요계층을 저소득층에서 맞벌이 가정으로 전환한 점 또한 주목할 만 했다. 그러나 출산율의 점진적 개선을 목표로 삼았던 것에 비해 끝내 1.3명 아래의 제자리걸음에 머물ㄱ 만 점은 실망스러운 일이었다. 2010~2012까지 소수점 차로 오르던 출산율이 2013년 다시 급격히 감소한 것이다.

이제는 정말로 출산율이 대국민 캠페인이나 복지의 증진 정도로 오르지 않는다는 것이 명확해졌다. 저출산 대책은 우리 사회의 체질을 바꾸는 약이 되어야 한다. 사회 전반에 투입할 수 있도록 종합적으로 강구되어 오랜 시간에 걸쳐 시행해야 한다. 그럼에도 사람이라면 누구나 암담한 상황을 일거에 바꿀 수 있는 획기적인 대책을 바라는 마음이 있기 마련이다. 때문에 모두가 제3차 기본계획에는 무언가 다른 점이 있기를 바랐다.

제3차 저출산 · 고령사회 기본계획

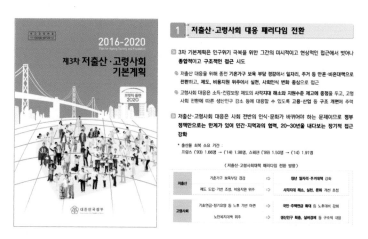

제3차 저출산 · 고령사회기본계획의 간행물 표지와 계획의 패러다임 전환에 대한 페이지

2016년부터 2020년까지 시행된 제3차 저출산 · 고령사회기본계획은 삶의 질 이슈를 흠뻑 머금고 있었다. 당장은 인구절벽 위기를 건너뛰어 도약할 능력이 없어도 그날을 위한 다리가 되겠다는 겸허한 각

오를 담아 그 이름을 '브릿지플랜 2020'이라 명명한 제3차 기본계획 설명서를 보면 42.2조원의 재원이 투입되었던 1차 기본계획과 109.9조원의 재원이 투입되었던 2차 기본계획의 진척과정을 담담히 서술한 후 곧바로 패러다임의 전환을 외친다.

'3차 기본계획은 인구위기 극복을 위한 그간의 미시적이고 현상적인 접근에서 벗어나 종합적이고 구조적인 접근 시도'.

'정부 정책만으로는 한계가 있어 민간·지역과의 협력. 20~30년을 내다보는 장기적 접근 강화'

'현상적으로 드러난 보육 중심 대책만으로는 출산율 제고에 한계. 노동시장, 교육, 양성평등 육아 등 구조·문화 대책으로 범위 확장'

'만혼 문제 해결을 저출산 대책의 핵심의제로 설정하고 결혼의 1차적 장애 요인인 청년·신혼부부 주거 문제 해결에 집중'

제3차 기본계획은 분명 다른 면모가 있었다. 저출산 대책을 출산과 보육 대책의 틀에서 빼내어 종합적인 삶의 질 대책으로 끌어올린 과감함이 있었고 비록 오랜 시간이 걸리더라도 끝까지 나아가겠다는 결의가 있었다. 그런 미덕을 바탕으로 '모든 세대가 함께 행복한 지속발전사회'의 비전 실현을 위해 1.5명의 합계출산율을 목표치로 설정하였지만 불행하게도 3차 기본계획이 시행된 시기는 가장 엄혹한 시기였다. 2016년 합계출산율 1.2명대가 깨지며 1.19명에서 시작한 이래 줄곧 내리막길로 치달으며 2020년 0.85명을 기록, 마침내 초저출산을 넘어 세계사적으로도 유례가 없는 경악스러운 출산율을 기록하는 시대가 오고 만 것이다.

전쟁과 재난은 응당 극복해야 할 악으로 보아야 한다. 그러나 그것이 인류의 역사를 퇴보시켰다고 생각한다면 그것은 틀린 생각이다. 인류사의 거대한 아이러니는 그것이 전쟁과 재난을 거치며 비약적으로 성장 발전해왔다는 사실에 있다. 지금 우리가 국가적 재난으로 맞닥뜨리고 있는 저출생 역시 마찬가지다. 21세기 들어 등장한 저출생 현상이 우리를 패퇴시키고 있는가? 지난 십수 년 동안 저출생이 얼마나 정부와 시민사회를 각성케 하고 인식의 대전환을 불러일으켰는지를 확인하려면 21세기 대한민국 보육정책을 보면 된다.

저출산 · 고령사회기본계획은 보육 인프라와 수여계층의 급격한 확대를 불러왔으며 특히 당시 보육업무를 담당하던 여성가족부는 국공립 보육시설을 2배나 확충한다는 새싹플랜을 실시하기도 했다.(2008년 보육업무가 보건복지가족부로 이관되면서 아이사랑플랜으로 새롭게 계획 수립) 이상의 인프라 확충보다 중요한 의미를 지니는 건 정부 정책에 나타난 인식의 전환이다. 정부는 과거에도 소득수준이 낮은 가정에 보육료와 유아 학비를 지원하였지만 마침내 2013년도부터 소득 수준에 관계없이 전계층 보육료 지원으로 무상 보육을 실시하게 된 것이다. 이는 '국가가 책임지고 아이를 양육한다'는 오늘날의 보육 명제를 정립하는 근간이 되었으며 오랜 시간 사회적 돌봄에서 소외되어 있던 다음세대 아이들을 일으켜 세우는 놀라운 기회가 되었다.

분명 이는 귀중한 전환점이었으나, 이후로 채워 넣어야 할 사항들이 많다. 보육시설 증설의 개수를 초과 달성하였고 양육수당이 인상되었다는 뉴스가 매년 들려오고 있지만 여전히 부모들이 체감하는 양육 부담을 크게 줄어들지 않았으며 출산율 또한 계속해서 떨어지고 있다.

우리는 근본적인 질문으로 돌아가 함께 논의하면서 방법을 찾아 나가야 한다. 돌봄의 공공성이란 무엇일까? 어떻게 온 사회가 한 아이를 키우는 위대한 사업을 실현할 수 있을까? 우리는 지금도 그 방법을 찾아가고 있다. 그리고 분명 앞으로 십 년 정도 후에는 이와 같은 정부의 혜택 아래 돌보아지어 성장한 위대한 인물들이 이 나라를 보다 굳건히 세우는 일을 뉴스를 통하여 보게 될 것이라고 믿는다.

전면무상보육의 실시

삶의 질에 대한 관심이 높아지고 있던 2010년대 초반, 정치권에서는 처음으로 제기한 당시에 많은 논란을 낳았다. 나라가 국민 복지에 더 많은 돈을 써야 한다고 사람들과 이를 포퓰리즘으로 규정하는 사람들이 맞섰다. 이는 결코 소모적인 논쟁이 아니었다. 나라의 재화가 한정되어 있는 것은 맞다. 그럼에도 나라는 꼭 필요한 곳에는 아낌없이 돈을 써야 한다. 꼭 필요한 곳이란 어떤 영역인가. 격렬한 논쟁을 통해 그 영역이 조정되었다.

이명박, 박근혜 두 대통령은 전면무상보육의 기틀을 마련했다

　2012년 당시, 이명박 대통령이 누리과정을 만들어 처음으로 만 5세를 대상으로 한 무상보육을 시행했다. 아이를 어린이집에 맡길 경우 보육료 지원, 맡기지 않을 경우에는 보육수당을 지급하는 방식으로 5세 아이를 둔 모든 가정에 혜택을 주는 제도였다. 같은 해 대선에 출마한 박근혜 후보는 0~5세 보육 및 유아교육 국가완전책임제 실현을 공약으로 내세웠다. 2013년 박근혜 대통령 당선인은 3세와 4세를 누리과정에 포함시켜 만 3~5세의 무상보육을 실시했다. 예산 고갈과 보육대란이라는 난맥들이 있었으나 마침내 누리과정 예산 전액을 국고에서 지원받는 안정적인 여건이 만들어졌다.

　이후로도 전면무상보육 시스템은 계속 업데이트 되어왔다. 현재 보육정책의 기조는 공공보육시설의 비율을 늘려 보육현장을 국가가 관리하고 보육서비스의 품질을 높이겠다는 것이다. 이 과정에서도 지난날의 보육대란처럼 크고 작은 문제들이 드러날 수는 있으나 큰 방향에서는 옳게 가고 있다고 믿는다.

　전면무상보육은 평시와 같았다면 전국민의 동의를 얻어 현실화되기 어려웠을 정책이다. 사람들은 부잣집 아이를 돌보기 위해서 정부가 돈을 내겠다는 공약에 쉽게 마음을 주지 않았을 것이다. 그러나 0명대로 접어 들고만 합계 출산율이 국민들과 정치인들에게 무언가를 해야 한다는 절박감을 느끼게 했다. 무상보육을 실시했다고 당장 눈에 보이는 성과가 나타난 것은 아니다. 그러나 돌봄을 받을 수 없었던 한 아이가 돌보아지는 것이 바로 희망이다. 오늘 이 순간에도 어디에선가는 희망이 자라고 있다.

한 아이를 키우는 데 필요한 온 마을

그러나 전면 무상보육이 실시된 지도 벌써 십수 년이 지나고 있음에도 여전히 출산율이 떨어지고 있다는 사실에는 좀 더 주의를 기울여야 할지도 모른다. 보육비를 지원하는 것만으로 국가가 돌봄을 책임지게 되고, 부모가 돌봄의 책임으로부터 자유로워지는 것은 아니기 때문이다. 정서적 안정감을 제공받아야 하는 건 아이만이 아니다. 부모가 그것을 느껴야 한다. 그래야 지금의 저출산 상황을 유의미하게 변화시킬 수 있다. 국가가 돈을 내도 결국 아이를 돌보는 것은 보육교사들이다. 부모와 아이들에게는 저 멀리서 정책적 혜택을 제공하는 정부보다 한마디라도 인사를 나누는 이웃 아저씨가 더 가깝게 느껴질 것이다.

국가는 그 가진 예산을 사용하여 돌봄 시설과 종사자, 나아가 이웃들이 가정과 연대할 수 있는 시스템을 만들어야 한다. 한 가정의 부모와 아이가 어떤 상황에서도 고립감을 느끼지 않도록 사방에서 감싸주어야 한다. 그러기 위헤서 돌봄시설은 지역 공농체를 위한 열린 거점이 되어야 하며 동시에 어떤 아이라도 지켜낼 수 있는 안전가옥이 되어야 한다.

물론 현재 돌봄교사들이 받는 급여를 생각한다면 좀처럼 쉬운 일로 보이지는 않는다. 돌봄 직종의 처우를 크게 개선하는 한편, 고도로 네트워크화된 시대의 이점을 활용해야 할 것이고 또 이제는 형해화된 공동체 가치를 재건하는데도 힘써야 할 것이다.

무엇보다 사람들이 돌봄이 얼마나 뜻깊은 일인지를 인식해야 한다. 직장에 나가서 돈을 많이 벌어오는 것보다, 올림픽에서 금메달을 따오는 것보다 돌봄이 가치 있다는 인식이 공동체에 심겨진다면 정부의 지원 없이도 아이 낳아 키우기 좋은 공동체가 세워질 것이다.

21세기에 등장한 가공할 신무기. 그것은 첨단장비나 핵무기가 아니었다. 그 신무기의 이름은 창의다. 지금 세상을 지배하는 사람들은 창의가 얼마나 위력적인지를 잘 안다. 현재 자본제 시장을 장악하고 있는 애플, 아마존, 테슬라, 메타가 파는 주력 상품이자 무기는 창의성이다. 창의, 창발성, creativity. 주어진 문제상황에 대하여 새로운 의견을 생각해 내는 능력. 저출생 문제가 도저히 해결될 기미를 보이지 않자, 정부는 창의성에 눈을 돌리기 시작했다.

문제를 달리 보고 새롭게 보자는 뜻이었으나 이로 인해 안 그래도 모든 영역에 발이 걸쳐져 있는 저출생의 문제 영역을 지나치게 넓혀 버렸다. 지역사업 지원도 저출생 대책이다, 직장 내 괴롭힘 상담 지원도 저출생 대책이다, 스마트폰 중독 예방도 저출생 대책이다…. 이는 혹 창의라기보다 난립이 아니었을까?

저출생과의 싸움은 복합적인 원인을 지니고 영역을 넘나드는 거인 유령과의 싸움이라고 볼 수 있다. 때문에 선택과 집중으로 좁고 명확한 목표지점을 설정해야 하고 하나의 포인트를 총력을 기울여 공략해야 작은 성과라도 올릴 수 있다. 지금 우리에게 필요한 영웅은 모든 문제를 일시에 해소해내는 창의적인 천재가 아니라 진득하게 자리를 지키고 서서 자신의 모든 역량을 쏟아내는 성실한 일꾼인 것이다.

부처의 난립, 중복된 정책

제1차 저출산 고령사회 기본계획 42.2조원, 제2차 기본계획 109.9조원, 제3차 기본계획 152.9조원. 저출산 대응에 어마어마한 금액을 투입하고도 성과를 내지 못하자 많은 사람들이 정부를 지탄했다. 그러나 이와 같은 액수가 나온 것은 기타 다른 사업들과 중복하여 계산했기 때문이다. 저출산 대응 사업은 그 거대한 규모에 비할 때 내실이 부족하다는 평가를 받는다.

많은 학자와 전문가들이 지목하는 저출생 대책의 주요 실패 원인은 부처 간에 정책이 난립해서 시행되었다는 점을 든다. 아동돌봄 서비스의 경우 그 주체가 교육부, 보건복지부, 여성가족부로 나뉘어져 있고 또 이들이 시행하는 돌봄체계가 방과후학교, 초등돌봄교실, 지역아동센터, 다함께돌봄센터, 학교돌봄터, 청소년방과후아카데미, 아이돌봄서비스, 꿈도담터 등 9개로 나뉘어져 있었다. 그런데 부처간에는 칸막이가 세워져 있어 서로 협력하기는커녕 방해가 되는 형국이다. (아동돌본정책 입법을 위한 정책적 제안, 이상무, 저출생대책국민운동본부)

다양한 부처에서 대책을 강구하고 아이디어를 쥐어 짜냈지만 그 열띤 분위기가 실효성으로 이어지지 못하는 구조였던 것이다. 이런 상황에서는 많은 예산과 인력이 투입되어도 밑 빠진 독에 물 붓기가 되어버린다. 하루라도 빨리 콘트롤 타워가 세워지기를 기대할 뿐이다.

구분	교육부		보건복지부		여성가족부		
돌봄 서비스	방과후 학교	초등 돌봄 교실	지역아동 센터	다함께 돌봄	청소년 방과후 아카데미	공동육아 나눔터	아동돌봄 서비스
지원 대상	초1~ 고3학년	초 1~6학년	만 18세 미만	만 12세 미만	초4~ 중3학년	18세 미만 자녀 및 부모	0세 (3개월 이상) ~만 12세
지원 내용	수요자 중심 교과 특기 적성 프로그램 운영	보호, 교육 및 일부 급 간식 지원	보호, 교육, 문화, 정서지원, 지역사회 연계 등	시간제 돌봄, 프로그램 지원 등	전문체험 활동, 학습지원, 자기개발 활동, 특별지원 및 생활지원 (급식지원포함)	- 공동육아나 눔터 이용 상시프로그램 (주 2회 이상) - 장난감 및 도서 이용서비스 - 가족품앗이 활동지원	- 임시보육, 놀이 활동, 간단한 급식, 간식서비스, 보육시설 및 학교 등 학원 - 자택방문서 비스
운영 형태	자율적 선택 일시돌봄 형태	맞벌이 가정 중심 상시 돌봄	취약계층 중심 상시 돌봄	맞벌이 가정 중심 돌봄	취약계층 중심 상시 돌봄 (저소득층 우선지원)	지역주민의 자발적 참여로 돌봄 공유	자율 선택 (0~24시)
지원 형태	유상	무상 (프로그램, 간식비 등 일부 자부담)	무상 (소득별 이용료 5만원 이내 부담)	이용료 자부담	무상	전액 지원 (무상이용)	소득유형별 차등 지원 (가,나,다,라)
돌봄 공간	학교돌봄		마을돌봄				가정방문형 돌봄
통합	온종일돌봄체계(지역별)					지역에 따라 포함	

정부 부처별 아동돌봄제도(학교돌봄 마을돌봄) 현황

저출생 대책은 아이디어 싸움이 아니다

저출생 대책이 아이디어 싸움이 아니라는 것도 반드시 짚고 넘어가야 한다. 근사한 아이디어와 혁신적인 대책은 예전 것을 전복한다. 그러나 우리는 저출생과의 싸움이 단기간의 싸움이 아님을 알고 있다. 앞엣것을 자꾸만 뒤집어버린다면 우리에게는 승산이 없다. 저출생 시대의 미덕은 인내하고 기다리는 것이지 단번에 모든 문제를 해결하겠다고 나서는 것이 아니다.

우리는 저출생 극복을 위해 원래부터 해왔던 일을 생각해 내서 거기로 돌아가야 한다. 언제나 돌아가게 되는 곳은 돌봄이다. 돌봄은 제1차 저출산 고령사회 기본계획 시기부터 시행되어 왔던 아주 기초적인 저출생 대책이다. 여기에는 문제를 새롭게 본다거나 비틀어 생각하려는 면이 아예 없다.

우리는 수십 년 동안 돌봄을 생각하고 돌봄 문화로 저출생을 극복하고 다음세대를 일으키는 꿈을 꿔 왔다. 그러나 그 시간이 길다고 생각하지 않는다. 원래 인간은 미미한 존재들이다. 역사 앞에 서서 한없이 짧은 삶을 살다 갈 뿐이다. 어쩌면 오직 새롭게 태어나는 다음세대의 아이들만이 우리가 살면서 꿈꿨고 행하였던 결실을 보게 될지도 모른다.

"저출생 대책은 어떤 정부가 집권하든 상관없이 시종일관 유지되어야 한다."

"가장 중요한 저출생 대책은 돌봄문제의 해결에 있다"

어떤 사람들은 코로나 팬데믹이 찾아오자 출생율이 늘어나지 않을까 내심 조금은 교활한 기대감을 품기도 했다. 사람이 집에만 있으면 가족과 아이에 대해서 더 많이 생각하게 되리라는 것이었다. 그러나 통계로 나타난 코로나19 시대의 출산율은 보다 많이 하락했다. 사회적 활동이 줄면서 혼인 건수의 하락에 영향을 미쳤고 더불어 출산율 또한 낮아진 것이다.

코로나 시대에는 정부의 저출생 대책 또한 다소 정체되었다. 전염병 관리와 방역에 그 가진 역량을 총동원해야 했기 때문이다. 그러나 2020년 정부가 발표한 제4차 저출산 고령사회 기본계획에 따르면 그 어느 때보다 민활하게 움직여야 할 때였다. '함께 일하고 함께 돌보는 사회를 더 촘촘하게 만들겠'다고 공표한 제4차 기본계획은 정책의 다양성과 구체성이 돋보였다.

코로나와 더불어 사회 곳곳에서 인구절벽이 체감되는 시기가 닥쳤고 조금이라도 품을 수 있었던 희망은 곧바로 좌절감으로 뒤바뀌었다. 코로나19는 기관지 질병만을 의미하지 않았다. 불안감의 전염이야말로 코로나19의 전세계적 영향력이었고 강대함이었다.

정권이 바뀌고 윤석열 대통령은 23년 1차 저출산고령사회위원회를 열어 양육의 즐거움에 대한 국가의 책임을 한번 더 확인시켜주었다. 당시 새롭게 임명되었던 김영미 부위원장은 과거 저출생 대책의 난립성을 지적하며 선택과 집중을 천명했다. 그로부터 1년여 후인 24년 6월 정부는 저출생 국가비상사태를 선언하기에 이른다. 국가 부도의 날이라 불렸던 IMF 이후 처음으로 선포된 국가비상사태였다.

제4차 저출산·고령사회 기본계획

5년 동안(2016~2020) 총 152조658억원을 투입하여 시행된 제3차 저출산고령사회 기본계획이 실패로 끝나고 전세계적으로 유례없는 저출생 현상이 계속되었다. 그러나 15년에 걸쳐 막대한 예산과 국가적 역량을 쏟아부은 결과가 전혀 없을 수만은 없었다. 이제 사회 전반에 걸쳐 새로운 환경과 분위기가 조성되었다. 먼저 가정이 아닌 사회 전체가 임신과 출산, 양육의 책임을 져야 한다는 인식이 만들어졌다. 두 번째로 일터와 가정의 양립에 대한 논의가 활발하게 이루어지며 바람직한 삶의 모델이 재정립되었다.

따라서 제4차 저출산고령사회기본계획은 기존의 정책을 계승하면서 부족한 점들을 보완하는 방향으로 이루어져야 했다. 2020년 12월, 정부 관계부처 합동으로 배포한 제4차 저출산고령사회 기본계획 주요 내용의 요약자료를 보면 이 같은 뜻이 잘 드러난다. 비록 합계출산율을 반등시키지는 못했지만 분명 성과는 있었다. 하지만, 여전히 너무나 부족하다.

제4차 기본계획 요약자료에 실린 15년 동안의 저출생 대응 정책 평가
– 위의 부분만 색깔을 입혀 강조했다 –

2021년부터 2025년까지 5년간 시행되는 제4차 저출산고령사회 기본계획은 오늘날의 저출산 현상이 사회, 경제, 구조, 가치관의 총체적 결과라는 점을 거듭 강조하며 국민 개개인의 전 생애 주기에 대응하는 정책을 펼치고자 했다. 4차 기본계획의 비전은 '모두가 함께 행복한 지속 가능 사회'였으며 저출산 정책의 모토는 '함께 일하고 함께 돌보는 사회 조성'이었다.

제4차계획은 주요 핵심 정책 중 하나를 아동 돌봄의 공공성 강화와 서비스 내실화에 할애하여 25년까지 공보육 이용률을 50% 이상으로 올리고 온종일 돌봄을 25년도까지 지속적으로 확충할 것을 천명했다. 곧이어 서울시와 경기도, 인천시에서도 26년까지 공보육 이용율 50%를 목표치로 설정하며 정부의 공공 보육시설 인프라 확충 의지에 힘을 보탰다.

실제로 계획이 시행된 이래 2024년 현재까지도 공공보육 이용률은 매년 역치 최고치를 기록하며 정부의 의지가 말뿐이 아님을 확인시켜 주었다. 그러나 이를 착시효과라고 보는 비판 의견도 있다. 마침내 인구절벽 현상이 어린이집에서 나타나기 시작했다는 것이다. 2020년을 전후하여 사설 어린이집의 폐업 숫자가 급속도로 늘고 있으며 그에 따라 공공 어린이집의 이용률이 증가할 수밖에 없었다는 해석이다.

선택과 집중

윤석열 대통령이 주재한 1차 저출산고령사회위원회 회의
양육에 대한 국가책임을 강조한 문구가 눈에 띈다 (출처: 연합뉴스)

2022년 5월, 제6공화국의 여덟 번째 정부로 출범한 윤석열 정부는 제4차 저출산고령사회기본계획의 인식과 방법을 계승함과 동시에 정책의 실효성을 높이고자 했다. 이같은 뜻은 2023년 3월, 윤석열 대통령이 주재한 1차 저출산고령사회위원회 모두 발언에서도 드러난다. 대통령은 저출산 문제에는 여러 사회문제와 문화적 요소가 복잡하게 얽혀있음을 지적하며 국가가 아이들을 확실하게 책임진다는 믿음과 신뢰를 국민들에게 줄 수 있어야 한다고 강조한다. 이어서 현행 제도가 실제 현장에서 제대로 적용되고 있는지를 점검할 것을 밝히고 있다.

기존 제도를 점검하고 정비하는데 사용될 방법론은 선택과 집중이었다. 정책수요자가 가장 원하고 실효성이 높은 분야가 무엇인가? 정부는 기존 정책 중 3대 핵심분야에 추려내어 거기에 역량을 집중할 것을 천명했다. 정부가 발표한 3대 핵심분야는 다음과 같았다.

1. 일·가정 양립
2. 양육
3. 주거

이상 3대 핵심분야에서도 단연 강조된 것은 2번 양육이었다. 일·가정 양립과 주거문제는 노동과 부동산이라는 이슈와 엮여 있어 정책적으로 풀어내기 매우 난해한 분야이며 민간의 협력은 물론 시장 구조의 개선이 전제되어야 하므로 정부의 역량을 온전히 집중하기 어렵기 때문이다. 이 때문에 23년 1차 저출산고령사회위원회는 '모든 아이를 소중하게 대한민국이 함께 키우겠습니다'라는 슬로건을 내걸고 아이 돌봄의 국가 책임을 강조했던 것이다.

저출생 국가비상사태 선언

그러나 이후로도 합계출산율을 계속해서 내려갔다. 2021년 0.81명에서 2022년 0.78명으로, 2023년 0.72명으로 매년 합계출산율이 유례없고 극단적인 하향곡선을 그리자 정부에서도 결단을 내렸다. 2024년 6월 윤석열 대통령은 마침내 인구국가비상사태를 공식 선언하기에 이른다.

2024년 6월 20일 마침내 인구국가비상사태가 공식발표되었다.
(출처: 연합뉴스TV)

대통령은 초저출생으로 인한 인구 감소가 경제와 안보를 비롯해 우리 사회 전반에 매우 큰 악영향을 끼치고 있으며 급기야 대한민국의 존망까지 걱정해야 하는 상황을 맞았다고 말한다. 이어서 인구 국가비상사태를 선언하면서 다음과 같이 대응책을 밝혔다.

1. 강력한 컨트롤타워로서의 인구전략기획부 신설
2. 일 · 가정 양립, 양육, 주거의 3대 핵심분야에 정책 역량 집중

대통령은 인구전략기획부를 부총리급으로 신설하여 막대한 저출생 예산의 사전심의권과 지자체 사업의 사전 협의권을 부여할 것을 천명했다. 일개 정부 부처의 신설을 넘어서 처음부터 상당한 권한이 실리게 되는 것이다. 해당 부처는 저출생 대책은 물론 고령사회와 이민정책까지 포함하는 인구 정책을 종합적으로 기획해 중장기적인 국가발

전 전략을 수립하게 된다. 또한 해당 부처의 장관은 사회부총리가 되어 교육, 노동, 복지를 비롯한 사회 정책 전반을 아우르게 된다.

3대 핵심분야에 대한 정책들에 대해서도 구체적인 내용들이 발표되었다. 일·가정 양립의 분야에서는 먼저 육아휴직제의 강화가 눈에 띈다. 대통령은 육아휴직 급여와 휴가일수를 대폭 늘릴 것이라 말하며 특히 현재 6.8% 수준의 남성 육아휴직 사용률을 임기내 50% 수준으로 끌어올리겠다는 다소 파격적인 약속까지 했다. 또한 주거 분야에 있어서는 자녀 출산 시의 추가적인 우대 금리와 결혼 비용에 대한 추가적인 세액 공제를 약속하고 특히 과밀화된 수도권 시대에서 어디서나 살기 좋은 지방시대를 여는 데 최선을 다하겠다고 밝혔다.

양육 분야에 있어서는 국가가 양육을 책임지는 퍼블릭 케어 전환을 천명했다. 해당 사안에 대한 대통령의 발표문은 아래와 같다.

부모의 부담을 덜어드리고 국가가 양육을 책임지는 퍼블릭 케어로 전환하겠습니다. 임기 내에 0세부터 11세까지 양육에 관한 국가 책임주의를 완성하겠습니다.

학교와 지역사회의 돌봄서비스 연계를 강화하는 동시에 유보통합을 통해 서비스의 질적 수준을 높이고 격차를 해소해 나가겠습니다. 특히 제 임기 내에 3세부터 5세까지의 무상교육 돌봄을 실현할 것입니다. 누구나 원할 때 기다리지 않고 양질의 돌봄 서비스를 받을 수 있도록 국공립 직장 어린이집을 확대하고 운영 시간을 늘려서 돌봄 공백을 최소화하겠습니다.

제가 많은 관심을 두고 있는 늘봄 학교는 올해 2학기에 전국 모든 초등학교로 운영이 확대됩니다. 올해는 희망하는 1학년 모두가 참여할 수 있게 하고 26년부터는 모든 학년의 아이들이 늘봄 프로그램을 이용할 수 있도록 하겠습니다. 단계적으로 무상 운영을 확대하고 지자체와 돌봄 연계도 강화할 것입니다.

또한 자녀가 있는 가정에 혜택을 부여하기 위해 자녀 세액공제를 확대 하겠습니다. 돌봐줄 부모나 가족이 없는 아이들에 대한 국가의 돌봄도 더욱 강화해야 합니다.

— 2024년 6월 20일 윤석열 대통령의 인구국가비상사태 발표문 중

유보통합과 늘봄학교는 게임체인저가 될 것인가?

윤석열 대통령의 인구국가 비상사태 선포는 비록 많이 늦었지만 매우 다행스러운 일이었다. 지난 1983년, 합계출산율이 인구수를 유지할 수 있는 2.1명 밑으로 내려간 이래 대한민국은 잃어버린 40년의 시간을 보냈다. 무지와 무사안일, 무책임의 시간이었다. 인구 국가 비상사태의 선포는 이 3무의 시간을 어느 정도 선까지 극복했다는 점에서 의의를 가진다고 평가할 수 있다.

다만 문제는 그 방법론이다. 앞으로 신설될 인구전략기획부는 정부와 함께 저출생에 대한 책임을 짊어지는 기구로서의 역할을 수행해 갈 것이다. 그렇다면 어떻게 책임질 것인가? 윤석열 대통령은 3대 핵심과제를 이야기한다. 인구 국가비상 사태 선언 당시에 발표된 바에 따르면 그중에서도 양육, 또 그중에서도 두 가지 이슈가 주목된다. 그 두 가지 이슈란 바로 유보통합과 늘봄학교가 중요하다.

유보통합은 유아교육과 보육을 일원화함을 의미한다. 즉 교육 시설인 유치원과 보육 시설인 어린이집을 통합하는 작업이다. 저출생 대책으로서의 측면에서는 영유아를 위한 고급 교육인 유치원 프로그램을 확대 적용하여 무상보육 체계 내에 편입시킴으로써 부모의 돌봄 부담을 적극적으로 완화한다는 점에서 그 의의를 가진다.

현재 정부는 보건복지부와 지방자치단체의 영유아 보육 업무를 교육부와 시도 교육청으로 이관해 일원화하는 방향으로 유보통합을 진행중에 있다. 그러나 김대중 정부 당시부터 제기된 유보통합이 30년 동안 시행되지 못한 까닭은 유치원 종사자들의 반대에 부딪쳐 왔기 때문이다. 유치원 정교사가 되기 위해 긴 시간 노력해온 해당 직군의 반대는 어쩌면 당연한 것이다.

평일 오전 7시부터 오후 8시까지 학교에서 학생을 돌보아주고 놀이 중심의 프로그램을 무상제공하는 늘봄학교는 초등 방과후학교와 돌봄교실을 통합한 교육세도로서, 저출생 대책으로서는 유보통합과 동일한 의의를 가진다. 늘봄학교는 프로 선수와 특수 직업군 종사자들과도 연계할 수 있어 카누, 서핑, 승마 등 매우 고급한 교육 체험 프로그램을 제공할 수 있다.

그러나 초등학교 현장에서는 우려의 목소리가 높은 것은 물론 해당 종사자들의 반대하는 목소리 또한 만만치 않다. 인력과 공간 부족 문제를 무시하고 시행하는 졸속행정이라는 것이다. 비록 교육부에서는 늘봄학교 전담 인력을 통해 교사들의 업무 부담을 줄일 것이라고 밝혔지만 정부가 추진중인 늘봄학교 확대안을 감당하기 위해선 현재 교사들이 상당한 부담을 떠안게 될 것이 자명하다. 특히 공간 부족으로 인해 벌써부터 교사들이 수업 연구와 업무 수행을 위해 사용하던 교실에서 쫓겨나는 일이 빈번히 일어나고 있다.

유보통합과 늘봄학교가 지향하는 방향은 옳다. 영유아 교육과 보육은 통합되어야 하며 국가는 보다 질 높은 돌봄 서비스를 통해 부모의 돌봄 불안을 해소해야 한다. 그러나 이번에도 방법론이 문제다. 어떻게 하면 이를 현실화할 수 있을 것인가? 2024년 현재, 우리가 고민해야 하는 것은 바로 그 부분이다.

지금까지 우리는 지난 시간 동안 펼쳐진 대한민국 정부의 저출생과의 싸움에 대해 알아보았다. 3부에서는 바로 지금 초저출생의 시대를 맞아 각 지자체와 정계, 종교계에서는 어떤 대응을 하고 있는지를 살펴보고자 한다. 아울러 3부의 말미에는 현 정부의 지향점을 현실화하기 위한 해당 논고의 제언을 이야기하겠다.

3부

초저출생의 시대

우리가 살고 있는 2024년의 오늘날은 대체 어떤 시대일까? 인터넷과 스마트폰이 대중화되고 이 도구들을 자유롭게 사용하는 MZ세대가 등장한 정보화 시대라고 부를수도 있을 것이다. 또한 그동안 이룩해 놓은 경제발전을 향유하는 풍요로운 시대라고 말하는 사람도 있을 것이다. 혹자는 경제발전의 추동력을 잃고 장기적인 경기 침체에 돌입한 현시대를 희망이 사라진 시대, 저성장의 시대, 빈부격차의 시대라고 부를지도 모르겠다.

　우리는 이 시대를 초저출생의 시대라고 부르고자 한다. 하지만 단지 이 시대 저출생의 양상과 기조만을 보고 그러는 것이 아니다. 합계출생률 그래프가 매년 가혹할 정도로 하락하고 있지만 그럼에도 아직 이같은 현상 자체에는 한 시대를 규정짓고 개개인의 일상을 좌우할 만큼의 강력함이 없다. 또한 계속되는 저출생 앞에 무력감을 느낀 나머지 이를 시대적 현상으로 인정하고 받아들이자는 뜻에서 그렇게 이름 붙인 것 또한 결코 아니다. 오히려 우리는 초저출생의 시대는 극복되어야 한다고 생각하며 또한 극복되리라고 믿고 있다.

　우리가 이 시대를 초저출생의 시대라고 부름은 장차 역사에 기록될 인구절벽의 시대(우리가 노력하든, 노력하지 않든 그 시대는 앞으로 반드시 찾아 온다)의 연구자들에게 있어 가장 중대했던 시기로 논의될 바로 지금, 이 시기를 선제적으로 규정해놓기 위함이다. 이 초저출생의 시대가 장차 헛되게 낭비해 후세가 통탄해하는 시간으로 기록될지, 아니면 위대한 변곡점으로 기록될지는 이 시대를 당면해 살아가는 우리 모두에게 달려있다.

인구감소로 인한 지방소멸 문제에 대한 논의를 처음 시작한 '마스다 보고서'의 작성을 진두지휘한 일본 창성회의 좌장 마스다 히로야 씨는 일본 종합연구소와 가진 대담에서 합계출산률이 2명대로 회복된다고 하더라도 인구 감소가 멈추는 건 그로부터 60년 후가 될 것이라며 이와 같은 시간 감각을 다 함께 공유해야 한다고 말했다. 눈앞에 회복이 보이지 않는 이 시대는 지난하고 괴로울 것이 분명하다. 관건은 지치지 않는 것이다. 작은 성과나 실패에 일희일비하지 않고 올바른 방향을 설정했다면 줄기차게 나아가야 한다. 이와 같이 출산율 회복을 위한 지속적인 실천을 정부 정책의 차원에서뿐만 아니라 지자체와 회사, 단체를 비롯해 사회구성원 개개인이 각각의 영역에서 행해야 한다. 그것이 바로 초저출생 시대를 살아가는 우리 모두의 사명이다.

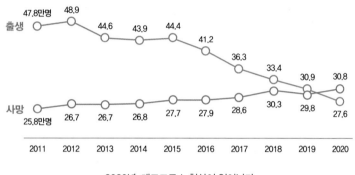

2020년, 데드크로스 현상이 일어났다

사망자 수가 출생자 수보다 높아지는 데드크로스(dead-cross) 현상이 처음으로 나타난 2020년. 그 전해에는 12월에는 인구지표에 또 하나의 중요한 현상이 나타났다. 바로 수도권 인구가 전체의 50%을 넘어 비수도권 인구를 넘어선 것. 서울이 포화상태가 된 후에도 인천과 경기도 인구는 계속해서 늘어갔고, 지금도 늘어가고 있다. 인구는 줄고 있는데 수도권 인구는 오히려 늘고있는 것이다. 이것이 의미하는 바는 명확하다. 바로 지방 소멸이다.

한때 석탄산업의 성지라 불리며 12만명 이상의 인구가 살았던 강원도 태백시는 이제 역과 도심에서조차 황량함이 감지된다. 2013년 5만에 가까웠던 인구가 2023년에는 4만 아래로 줄었다. 10년 사이 20%가 줄어든 것이다. 당해 시에서는 인구감소에 맞서기 위해 교도소까지 유치하는 처절한 모습을 보였다. 이처럼 소멸위기에 처한 도시와 군, 읍면동을 붉은색으로 표시하면 수도권을 제외하고는 전국이 새빨갛게 물든다. 부산이나 제주도조차 예외가 아니다.

정부와 전문가들은 대체로 지방소멸의 근본 원인을 청년 인구의 이동에 있다고 보고 이에 대한 대책을 강구 중인 듯 하다. 그러나 저출생 대책 또한 아주 심각하게 논의되어야 한다. 올해 경북도청은 저출생과의 전쟁을 선포하며 끝장토론을 열었다. '그린벨트를 풀어 집을 짓고 일자리를 만들자,' '이민자들을 맘 코치로 육성해 출산과 양육을 돕자' 등등 출산과 양육비 지원, 집과 일자리의 보급을 위한 다양한 아이디어가 쏟아져나왔다.

반가운 것은 이제 지자체들 또한 출산 자체를 지원하는 옛 시절의 정책을 버리고 양육에 초점을 맞추고 있다는 점이다. 2023년 보건복지부가 공개한 지자체 출산지원정책 사례집에 따르면 정책의 비중이 출산 34.4%, 육아 29%, 임신 18.8%로 맞춰져 있는데 육아 사업 비중이 점차 높아지고 있다. 특히 세종특별자치시의 경우 그 비중이 50%에 육박한다.

세종시는 비록 최근에 출산율이 낮아지는 위기를 겪고 있지만 작년까지 광역자치단체 중 유일하게 인구수와 출생아 수가 함께 증가하며 8년 연속 합계출산율 1위를 기록했던 도시다. 한편 인구 2만4천명의 소규모 지자체 화천군에서도 최근 파격적인 교육과 보육정책이 나와 주목을 받고 있다. 지방소멸의 시대, 세종시와 화천군이 시행하고 있는 전폭적인 지원책들은 상고해볼 가치가 충분하다.

2024년 지방소멸 보고서

마스다 히로야와 2014년 발간된 책 지방소멸
896개 지자체가 소멸한다는 띠지의 글귀가 눈에 들어온다

지방소멸. 이 섬뜩한 단어는 2014년 일본에서 처음으로 사용되었다. 전 일본 총무상이었던 마스다 히로야(增田寬也)의 주도로 작성된 '마스다 보고서'(이후 '지방소멸'이라는 제목으로 출간. 한국에서도 동명의 책으로 번역 출간되었다)는 2040년까지 896개의 시구정촌(일본의 지자체 단위)가 소멸할 것이라는 주장으로 전일본을 충격에 빠뜨렸다.

소멸이라니, 워딩이 너무 과장된 것 아닐까? 마스다 보고서에서도 아직 인구감소가 지역 소멸로 이어질 확실한 지표는 없다고 말한다. 그럼에도 인구감소가 지역의 사회경제나 주민의 생존기반 자체를 붕괴시켜 소멸로 이르게 한다면 관건은 인구의 '재생산력'이라는 것이

이 보고서의 주장이다.

만일 인구 재생산의 중심축인 가임기 여성들이 빠른 속도로 유출되고 있는데 출산율은 현상 유지가 가능한 수치인 2.0명에 턱없이 못 미쳐서 30년 안에 가임기 여성 인구의 절반이 사라지게 될 지역이 있다고 하자. 그렇다면 그 지역은 소멸 가능성이 있다는 진단을 내릴 수밖에 없다. 바로 이런 지역이 일본 전 지자체 수의 49.8%인 896개에 이른다는 것이다.

몇몇의 극점화된 대도시는 살아남겠지만 이 도시들 또한 자체적인 출산으로 인구 유지가 되는 것이 아니다. 다른 지역에서 이동해 온 사람들을 블랙홀처럼 빨아들임으로써 인구수를 유지하는 것이다. 지방소멸은 총체적이고 전면적인 재난이며 국가의 지속가능성을 시험하는 거대한 위기임에 틀림없다.

방대한 인구 데이터를 활용해 지방소멸에 대한 경각심을 일깨운 '마스다 보고서'가 가진 또 하나의 의의가 있다. 그것은 바로 지방 인구감소 현상을 분석하는 중심축을 인구이동에서 20~39세 가임기 여성의 숫자와 출산 의지 쪽으로 이동시켜놓은 것이다. 인구의 도시집중도 막아야 하지만 결국 관건은 출산율을 높이는 데 있다. 국가와 지자체가 적극적으로 나서서 효과적인 정책을 수립하고 시행해나가면 출산율은 높일 수 있다. 이것은 프랑스나 스웨덴의 사례에서도 확인된 바가 있다. 반대로 출산율에 대한 대책이 5년 늦어질 때마다 일본의 인구는 300만명 씩 감소될 것이라고 보았다.

마스다 보고서가 인구분석 방법을 통해 제안한 소멸위험지수를 우리나라에 대입해보면 어떨까? 아마도 이미 지방 사람들은 물론 삼시

동안이라도 지방을 방문해본 사람들이라면 누구나 체감하고 있는 것과 동일한 결과가 나올 것이다. 국가통계표에 의하면 2024년 9월 기준 전국 229개 기초자치단체 중 소멸위험 지역은 131곳(57.2%)으로 절반을 넘어선다.

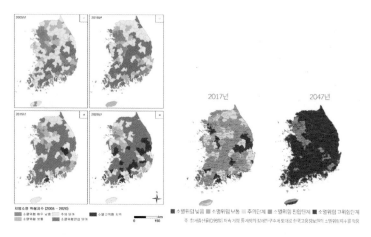

2005~2020년 지방소멸위험지수   저출생대책국민운동본부 저출생대책세미나
(출처:한국고용정보원)

2005년부터 2020년까지 5년 단위로 분석해본 전국 지방소멸위험지수 변화 도표는 보다 직관적으로 위기감을 느끼게 만든다. 수도권을 제외한 전국이 점차적으로 소멸 고위험을 의미하는 붉은 색으로 물들어가고 있다. 소멸 고위험 지역으로 분류된 57곳의 지자체는 강원특별자치도의 횡성군, 평창군, 정선군, 영월군, 양양군과 충청도의 보은군, 영동군, 옥천군, 괴산군, 단양군, 부여군, 서천군, 청양군, 태안군, 금산군, 예산군, 전라도의 고창군, 무주군, 장수군, 진안군, 임실군, 부안군, 순창군, 강진군, 고흥군, 곡성군, 구례군, 보성군, 장

흥군, 신안군, 함평군, 진도군, 해남군, 완도군이 있고 경상도의 문경시, 상주시, 의성군, 청송군, 청도군, 봉화군, 영양군, 영덕군, 성주군, 고령군, 밀양시, 남해군, 산청군, 의령군, 하동군, 함양군, 합천군, 고성군, 창녕군, 함안군이 있다. 대구광역시의 군위군도 여기 포함되며 수도권인 인천광역시의 강화군, 옹진군도 소멸 고위험 지역이다.

세종시의 사례

이제는 대한민국 제2의 도시, 부산마저도 소멸위험에서 자유롭지 못하다. 2020년 인구수 340만명이 붕괴된 후 2023년에는 한국고용정보원이 조사한 지방 소멸위험지역 보고서에서 부산 내 16개 기초자치단체 중 7곳이 소멸위험 지역 판정을 받았다. 이제 부산 동네에는 노인과 바다만 남아있다는 음습한 농담마저 나오고 있다.

수도권 블랙홀 외에는 모든 지역, 모든 도시가 황폐해져간다. 이와 같이 전국에 지방소멸의 먹구름이 뜬 가운데서도 수년 동안 전국 출산율 1위를 독차지하며 저출생 시대 극복의 롤모델과 같은 이미지를 부여받은 도시가 있다. 바로 세종시다.

세간에서 인정받은 세종시의 성공 요인은 무엇일까. 공무원들의 도시, 청년 인구의 대폭적인 유입이 가능하고 주거와 일자리도 안정된 행정도시라는 점일까? 최성은 대전세종연구원 책임연구위원은 그것이 필요조건의 일부가 될 수는 있어도 충분조건이 되지는 못한다고 말한다. 최성은 위원이 지적하는 진짜 성공 요인은 세종시가 아동과 여성, 가족이 행복한 도시라는 점이다. 여성 친화, 아동 친화. 이제는 흔해져 버린 수식처럼 느껴지지만 섬세한 행정력이 차이를 만들어내었고 그 결과가 출산지표로 나타났다는 이야기다.

세종시의 높은 출산율을 주도하는 또 다른 강점은 직장 문화와 분위기다. 세종시 직장인의 대부분은 공무원들이고 질 높은 육아 혜택을 받는다. 때문에 선배들이 육아휴직을 신청하는 모습을 종종 접하게 되고 그런 직장 내 분위기가 각자의 인생 사이클을 구상하는데 있어 육아와 휴직, 복직의 과정이 자연스럽게 자리 잡도록 유도한다. 사람은 주변의 분위기에 생각 이상으로 큰 영향을 받기 마련인 것이다.

하지만 이런 세종시조차도 합계출산율은 급격하게 하락하는 중이다. 그리고 작년에는 마침내 1명대 밑으로 떨어지고 말았다. 이는 지금껏 세종시를 출산 정책의 롤모델로 인식해온 많은 사람들에게 매우 당황스러운 결과였다.

이상림 서울대 인구정책연구센터 교수는 과거 세종시는 여타 신도시들처럼 신혼부부들이 대거 유입되었다고 분석하며, 지금까지 기록된 세종시의 높은 출산율은 주변 지역의 출산율을 빼앗아 와서 올린 일시적인 신도시 프리미엄이라고 주장한다. 그리고 이제 도시 내 집값과 전세 비용의 상승과 더불어 그 프리미엄의 거품이 꺼지면서 동시에 출산율도 내려가고 있는 셈이다.

이는 충분히 일리 있는 분석이며 되새겨보아야 할 주장이다. 그러나 그렇다고 해서 지금까지 세종시가 추진해 온 보육 정책이 잘못된 것은 아니다. 낮은 출산율이 전국적인 기조이며 만성적인 질환이 된 오늘날에는 계속적으로 대책을 투입하면서 증상이 호전될 날만을 기약해야 한다. 신도시 이미지가 벗겨진 후로도 세종시가 계속해서 아이 낳아 기르기 좋은 곳으로 인정받기 위해서는 앞으로 해야 할 일들이 많다. 다행히도 세종시는 여전히 자신감에 차 있는 것으로 보인다.

2024년 4월, 세종시는 충북과 함께 출산율 2명대를 목표로 하는 출산율 2.0 희망 공동프로젝트를 추진하기로 했다(충북은 16개 시도 중 유일하게 2023년 출생아 수가 1.7% 늘어난 지역이다). 광범위한 지원 정책의 추진으로 세종과 충북을 저출생 극복의 모범 지역으로 만들겠다는 각오다.

보육, 돌봄에 대한 지원을 계속 유지하면서 문화 관광산업을 육성하고 국제 행사를 유치하며 농업 활성화, 지역경제 활성화 등 전방위적인 정책을 시행하겠다는 것인데 이 모든 것이 '출산율 2.0'이라는 이름으로 묶였다는 점에서 자못 시사적이다. 세종시와 충북도의 이 야심찬 프로젝트가 중구난방한 출산 정책이 아닌 전면적인 대응을 통해 현재의 출산율 지표를 획기적으로 변화시키는 대안이 되어주기를 기대해본다.

전남 영광군, 해남군의 사례

연도별		2019	2020	2021	2022	2023
인구수		54,773	54,026	52,862	53,182	51,750
출산율	전국	0.92	084	081	07	0.72
	전남	1.23	1.15	1.02	0.97	0.97
영광		2.54	246	1.87	1.81	1.65
출생아수		570	558	413	393	373
가임여성		9964	8533	8,132	7,925	7830

전남 영광군의 2019~2023년 합계출산율
(출처 : 영광신문)

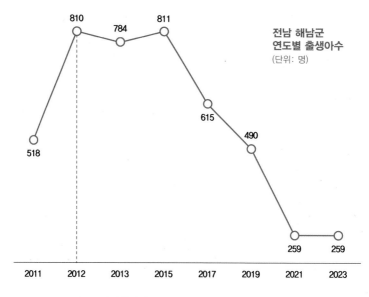

810 784 811

615

490

518

259 259

2011 2012 2013 2015 2017 2019 2021 2023

전남 해남군
연도별 출생아수
(단위: 명)

2010년대 출생아 수의 급격한 증감을 경험한 해남군청
(출처 : 행정안전부)

　세종시마저 합계출산율이 1명 밑으로 떨어지면서 이제 광역지자체 단위에서는 합계출산율 1명을 넘는 곳에 사라져버렸지만 기초지자체의 단위에서는 여전히 조금이나마 안도할 수 있는 지표가 나오는 지역들이 있다. 올해 초 통계청이 발표한 2023년 시군구별 합계출산율 지표를 보면 전남 영광군이 1.65명으로 1위, 전남 강진이 1.47명으로 2위, 전북 김제시가 1.37명으로 3위를 기록하고 있다.

　특히 전남 영광군의 경우 5년 연속 1위다. 전국 유수의 지자체들과 수도권 내의 지자체들이 출산율 0명대에서 허덕이는 가운데 영광군이 기록한 1.65명의 수치는 분명 상찬을 받아야 할 일이겠지만 그렇다고 마냥 좋아할 만한 수치인 것도 아니다.

　2019년 처음으로 출산율 전국 1위를 기록했던 당시 영광군의 합계출산율은 2.54명. 이후로 5년동안 계속해서 떨어져 지금의 1.65명이 된 것이다. 출생아 수와 지방소멸의 핵심 지표인 가임기 여성의 숫자도 매년 줄어들고 있어 영광군은 합계출산율 전국 1위인 동시에 소멸 위기 지역이라는 명암이 공존하는 지역이 되었다.

영광군은 공기업 유치로 일자리 환경이 비교적 안정되어 있고 수년 전부터 공격적으로 시행해온 청년 지원책들이 효과를 내면서 출산율을 지탱하는 힘이 되고 있다. 특히 가임기 여성에 대한 산후조리비를 지원해 산모의 건강을 챙길 만큼 세심한 정책은 제한된 여건 속에서도 성과를 내는데 기여했다. 그러나 영광군이 출산율의 마지노선을 끝까지 지켜내고 나아가 젊은이들이 찾아오는 지역이 되기 위해서는 앞으로 더욱 더 많은 정책적 노력이 필요할 듯하다.

사실 올해 통계청의 발표에서 보다 행복한 성적을 받아든 지역은 전남 해남군이었다. 합계출산율 1.35명으로 전국 6위의 지표를 기록한 해남군의 사례가 희망적인 건 이 수치가 전년보다 0.31명 늘어난 것이기 때문이다. 2020년 이후 매년 줄어들던 합계출산율이 4년 만에 반등에 성공한 것이다.

북위 34° 17'32"의 땅끝마을이 있는 해남군의 인구수는 6만명대(2024년 기준)이다. 이 지역은 출산율의 급격한 변동으로 유명하다. 2011년 1.52명에서 2012년 2.47명으로 치솟아 한동안 그 추세를 유지하다 순식간에 1명 초반대로 내려앉은 지역이다.

2010년대 초에는 우리나라와 함께 출산율 저하를 고민하던 일본과 싱가포르의 언론사에서 취재를 오기도 하였으며 뉴욕타임즈에도 해남군의 출산 정책이 기사화되는 일이 있었다. 뉴욕타임즈에 실린 당시 해남군의 출산 정책은 정말 멋지게 들린다. 신생아가 태어나면 지역신문에 기사가 실리고 매년 보조금을 지급할 뿐 아니라 갈비 상자와 아기 옷을 선물로 준다. 아이에게 이름을 지어주는 작명서비스도 있다.

이만큼이나 섬세하게 정책을 펼친 지역의 출산율이 순식간에 급락한 까닭은 무엇일까? 합계출산율 2명대로 8년동안 전국 1위를 기록하던 시기에도 해남군의 인구 유출은 계속되었다. 가임기 여성 수의 하락도 이에 동반되었다. 무엇보다 다른 지역에 비해 파격적으로 많이 지급한 출산장려금이 문제가 되었다. 첫째 300만원, 둘째 350만원, 셋째 600만원 현금지급. 당시로서는 상당한 액수였던 해남군의 출산장려금을 받으려고 위장전입을 온 사람들이 지원금만 받고 원래의 지역으로 돌아가는 일이 빈번하게 벌어졌다. 이런 가운데 해남군의 재정 상태는 계속해서 악화되어 갔다.

수년에 걸쳐 인구수는 물론 출생아 수마저 감소하며 지방소멸의 위기를 코앞에서 바라보게 된 해남군이었지만 2023년에는 정말로 희망적인 수치를 기록하게 되었다. 23년도는 합계출산율이 상승했을 뿐 아니라 출생아 수도 전년도 216명에서 259명으로 24명의 아이가 증가했다.

해남군은 과거부터 주목받던 특색이었던 정책의 세심성을 임신부 가사 돌봄 지원, 태교 여행 지원 등으로 확장해나가는 한편, 전라남도가 추진하는 출생수당 사업에 업무협약을 체결해 현금성 지원책에서는 독자적인 노선 대신 도와 함께 하는 방향을 잡았다. 전라남도의 출생수당 사업은 올해부터 전남 지역에서 태어난 아이에게 18년 동안

도와 시군이 매달 20만원을 지급하는 제도로서 출산에 따르는 양육의 기한을 10세 이하에서 17세까지로 늘려 잡은 것이 특징인 사업이다.

정책의 입안과 실행 과정이 항상 합리적인 방향으로 진행되는 것은 아니다. 소규모 지자체의 경우에는 더욱 더 그럴 것이다. 그러나 꾸준한 노력은 언젠가 보상을 받기 마련이다. 몇 년 동안 절치부심한 결과 해남군은 출산율의 반등에 성공하였으며 앞으로 더욱 더 많은 노력으로 지방소멸의 시대에 대응해갈 것이다.

그리고 이와 같은 지자체들의 노력은 '꼬리를 잡아 몸통을 흔든다'(2015년 이재명 당시 성남시장이 특별 기고한 '저출산 시대 극복을 위한 성남시의 공공성 강화 정책'의 제목)는 구호처럼 점차적으로 대한민국의 저변을 내부에서부터 바꾸어 나갈 것이다.

강원 화천군의 사례

강원도 화천군의 2018~2023년 합계출산율 추이 (출처: 통계청)

강원특별자치도의 화천군은 수도권과 인접해있지만 아주 전형적인 강원 지역이다. 산지가 많고 서울이 되면 살이 에일 듯이 춥다. 농업과 관광업이 주된 산업이고 군부대를 중심으로 상권이 형성된 지역이 많다. 인구수도 적고 재정자립도도 낮은 이 소규모 지자체가 전국적인 주목을 받게 된 까닭은 바로 파격적인 저출생 대책 때문이다.

10년 동안 이 지역의 군수를 역임해온 최문순 화천군수는 그의 재임 기간 내내 저출생 극복에 총력을 기울였다. 최문순 군수는 그가 처음 군수에 임명되었던 2014년 당시 군이 나아가야 할 목표와 방향을 설정했는데 그것은 바로 '아이 기르기 가장 좋은 화천 만들기'였다. 그리고 이 목표 달성을 위한 구체적인 방법으로 돌봄과 교육을 내세웠다.

화천의 교육은 지역 내에서 끝나는 것이 아니다. 현재 화천에는 유치원 13개, 초등학교 13개, 4개의 중학교와 4개의 고등학교가 있다 (2024년 4월 기준). 대학교가 없기 때문에 고등학교까지 졸업한 아이들은 지역 밖으로 나가서 대학에 진학하게 된다.

그런데 이 화천 출신 대학생들에게는 놀라운 혜택이 주어진다. 군에서 부모 소득에 상관없이 모든 군민(학생의 부모 또는 실질적 보호자가 3년 이상 화천지역에 실거주하는 경우 혜택을 볼 수 있다)의 대학생 자녀들에게 재학기간 동안 등록금 전액을 지원하고 있는 것이다. 이는 국가 장학금이나 교내 장학금과는 별개로 주어지는 등록금 실 납입액 전액이다.

뿐만 아니라 월 50만원 한도 내에서 거주비 실비 100%가 지급된다. 또한 해외 우수대학 재학생들에게는 부모의 소득수준을 고려한 특별지원금이 차등 지급되고 우수한 성적의 학생이 화천의 고등학교에 진학하는 경우에도 지원금이 지급된다. 강원도 화천의 산골마을에서 현재 시행되고 있는 북유럽 수준의 교육 복지다.

올해 초 국내 최초의 초등 종일 돌봄시설을 개원한 것도 화천군이 었다. 화천읍 화천초등학교 바로 앞에 216억원을 투입하여 지은 지하 1층, 지상 4층 규모의 화천커뮤니티 센터는 영유아와 초등 1, 2학년이 하루 종일 안전하게 머물고 뛰놀 수 있는 공간이다.

군에서는 이 공간에 돌봄전문 교사 외에도 각반마다 원어민 교사들을 배치하여 부모 세대의 군민들이 품어온 영어 콤플렉스 없는 화천 아이들을 길러내고 있다. 돌봄의 시간을 그냥 흘려보내서는 안 되고 교육의 기회로 활용해야 한다는 최문순 군수의 돌봄 철학이 엿보이는 부분이다.

화천군 역시 앞서 거론된 영광군, 해남군과 같이 인구수가 매년 감소하고 있는 지역이다. 그렇지만 변변한 지역 기반도 없는 산골 지역인데다, 인근 육군 사단의 해체 이슈로 군인 가족들마저 대거 이탈하고 있는 상황에서 기록한 높은 출산율 지표는 주목할 가치가 충분하다.

대한민국의 가장 주된 이슈가 저출생이 된 오늘날에는 언론도 최문순 화천군수의 열정과 노력을 높게 평가하고 있다. 최문순 군수는 작년에 TV조선이 주최한 '2023 한국의 영향력 있는 CEO'에 선정되었고 올해에는 매경미디어그룹이 주최한 '2024 대한민국 최고의 경영대상'을 수상했다. 상장과 상패뿐이겠는가. 화천군의 지난해 합계출산율은 1.26명으로 전국 평균은 물론 강원특별자치도 평균인 0.89명도 크게 웃도는 수치를 기록했다.

지방소멸의 시대에도 화천의 학교들에서는 밝고 건강한 아이들이 자라고 있다. 화천군의 사례는 소규모 지자체도 지방소멸에 맞대응할 역량이 있음을 보여준다. 물론 그 역량이 잘 겨누어진 목표를 향하여 쏟아져야 하겠으며 적실한 방법론도 가져야 할 것이다. 화천군이 10년 전에 선택한 방법론은 교육과 돌봄이었다. 만일 지금 소멸위기 통보를 받고 당장 무엇인가를 해야 하는 지자체가 있다면 조금이라도 빨리 교육과 돌봄에 더 많은 힘을 쏟아야 한다.

경상북도의 선포

감경철 이사장은 경상북도에서 열린 저출생과의 전쟁 선포식에 참여해 인사말씀을 전하였다

지방의 인구감소 원인은 저출생과 수도권 인구집중 문제가 복합된 것으로 그만큼 대책 마련이 곤란한 것이다. 둘 중 어느 쪽을 더 주안점으로 삼을 것인지도 민감한 문제다. 지방으로서는 출생아 수를 늘려도 아이가 자라 상경하게 됨으로써, 결국은 수도권에 빼앗기게 된

다는 문제의식을 안고 있다.

그럼에도 현재 많은 지자체들이 저출생 문제를 국가적인 위기로 인식하고 대승적 차원에서 저출생 극복에 보다 많은 힘을 쏟기로 한 것은 상찬과 격려를 받아 마땅한 일이다. 올해 초 이철우 경북도지사는 초저출산 문제 해결에 국가의 운명이 달려있다고 말하며 '초저출산과의 전쟁'을 선포했다. 이처럼 강력한 워딩을 한 까닭을 묻자 그는 '지금 상황은 전쟁 선포라는 말밖에는 다른 더 좋은 말로 표현하기 어려운 국가적 위기상황'이라고 답했다.

2024년 2월 20일, 경상북도도청에서 개최된 '저출생과의 전쟁 선포식'에는 많은 관심이 집중되었다. 중앙정부와 경북의 주요인사 천여 명이 참여하였고 언론의 관심도 뜨거웠다. 특히 축사자로 참여한 주형환 저출산고령사회위원회 부위원장은 '초저출산이라는 최우선 문제를 해결하기 위해서는 실소유자 입장에서 취업과 주거, 양육 부담을 해소시킬 유기적인 대책이 절실하다'고 강조하였다.

사단법인 행복한출생 든든한미래의 감경철 이사장 또한 저출생대책국민운동본부의 본부장 자격으로 참가해 인사말씀을 전했다. 먼저 감경철 이사장은 '저출생과의 전쟁'이라는 워딩에 깊은 공감을 표하며 인구소멸은 우리가 겪고 있는 가장 치열한 전쟁이라고 말하였다. 그리고 경상북도의 저출생 전쟁 선포가 제2의 새마을운동이 되어 전국민적인 운동이 되어야 한다고 강조하였다.

경상북도는 도내 15개 시군이 인구감소 지역이고 9개 시군이 소멸고위험군인 지역이다. 인구 유출은 계속되는데 합계출산율, 출생아 수, 혼인건수는 모두 감소했다. 이와 같은 경상북도의 현실이 바로 대한민국의 현실이다. 경북도청은 이런 현실과의 전쟁이라는 표현으로 결의를 표현하며 혁신적인 대책 강구에 나선 것이다.

현재 경북도청은 저출산 극복 시범마을을 조성하여 제2의 새마을 운동과 같은 국민운동을 일으킬 계획이다. 또 K-저출생 극복을 목표로 삼아 온종일 완전 돌봄, 완전 돌봄 클러스터 구축 (돌봄), 아이, 가족, 양육 친화형 공공 행복주택 공급(주거), 자녀 돌봄 친화근무제 활성화, 아빠 출산 한달 휴가 부여(일 · 가정 양립) 등 정부가 제시한 3대 핵심 분야에 대한 전방위적 공략에 나서기로 했다.

물론 저출생과의 전쟁은 단기간 내에 승부가 결정될 싸움이 아니다. 그러나 모처럼 지자체의 에너지 넘치는 활동을 바라보면서 큰 기대감을 품게 된다. 부디 그 열의가 긴시간 동안 유지되어 마침내 경상북도에, 그리고 대한민국에 저출생 극복의 실마리가 되어주기를 바란다.

워라벨. 워크 앤 라이프 밸런스(Work and Life Balance)는 한때의 유행어가 아니다. 1970년 후반 영국의 여성 노동자들이 처음으로 요구한이래, 노동권의 하나로 우리 사회에도 깊숙이 자리 잡아가고 있는 보편 가치이다. 고용노동부가 중점과제로 추진하고 있는 일하는 문화개선사업에서도 워라벨, 일·생활 균형은 매우 중요하게 여겨진다. 전문가들은 근로에 대한 개인의 만족도 상승은 업무 능률은 물론 회사의 미래 가치 상승과도 직접적으로 연결되어 있다고 말한다. 이 말은 즉, 기업들 스스로가 피고용인들의 워라벨을 챙겨야 함을 의미한다.

70년대 영국 여성 노동자들이 처음 워라벨을 요구했을 당시, 이 단어는 출산 휴가와 육아 휴직 등 모성 보호를 위한 휴식과 유연 근로를의미했다. 현재의 워라벨에서도 출산 육아와 관련된 복지혜택이 큰비중을 차지한다. 올해 초 부영그룹은 21년 이후 출산한 직원들을 대상으로 아이 한명당 출산장려금 1억원을 지급하는 파격적인 복지책을 내놓았다. 21년 쌍둥이 딸을 본 오현석 주임네 가족의 경우 시무식당시 2억원을 받았다. 부영그룹은 이 밖에도 자녀 대학 학자금 지급, 직계가족 의료비 지원, 자녀 수당 시급 등 나양한 사내복지제도를 운영하며 기업 내에서 저출생에 맞서고 있다.

부영그룹은 특별한 사례라 할 수 있다. 대한민국의 저출생 문제에 대해 깊이 근심하고 해결책을 강구하는 리더가 있었기에 이처럼 파격적인 대책이 나올 수 있었다. 이중근 부영그룹 회장은 그가 고심한 저출생 해법으로 출산장려금 기부면세 제도 방안을 제시하기도 했다. 출산 가정에 기부한 금액을 나라에서 면세해주어 출산 기부문화를 국채보상운동, 금모으기운동처럼 전국적인 국민운동으로 펼쳐보자는 것이다. 그 실현 가능성과는 별개로 이중근 회장이 저출생에 대해 얼마나 많이 고심해왔는지를 엿볼 수 있는 부분이다.

사실 이제 대한민국 대기업, 중견기업은 물론 견실한 중소기업에서도 사내 출산지원책이 기본적으로 시행되고 있고 육아 휴직의 혜택도 일반화되어 있기는 하다. 하지만 사회적 인식과 직장 문화가 제도를 따라가지 못한다는 점에 치명적인 문제가 있다. 제도가 있기에 육아 휴직을 신청할 수는 있다. 그러나 동료들에게 미안함을 넘어 죄스러움을 느껴야 하는 제도라면 차라리 없는 것이 낫다. 지금 이 순간에도 아이를 낳은 여성 근로자들은 휴직의 권리를 포기하고 회사에 사표를 제출하고 있다. 감히 '육아휴직을 쓰는 죄인'이 되고 싶지 않아서이다.

부영그룹이 1억원이라는 파격적인 금액을 제시한 것은 이처럼 얼어붙어 고착화된 사회문화적 분위기를 깨는 충격을 주기 위해서라고 생각한다. 지금 저출생의 위기 앞에 서 있는 우리 대한민국 사회에는 변화와 갱신이 절실히 요구된다.

일터가 변해야 대한민국이 산다

조앤 윌리엄스 캘리포니아대 법대 명예교수

EBS 교육방송에서 제작해 작년 여름에 방송된 "다큐멘터리K 인구 대기획 초저출생"가 한동안 화제가 된 바 있다. 세계적 석학으로 알려진 조앤 윌리엄스 캘리포니아대 법대 명예교수가 22년 한국의 합계출산율에 대해 보인 반응이 무척 격정적이었기 때문이다. 조앤 윌리엄스 교수는 대담자인 김영미 연세대학교 사회학과 교수로부터 22년 한국이 세계최초로 0.7명대를 기록(0.78명)했다는 소식을 전해 듣자 이렇게 반응했다.

(머리를 감싸 쥐고)

'Korea is so screwed. Wow!

That is, I've never heard of that low a fertility rate.'

대한민국 완전히 망했네요. 와!

그 정도로 낮은 수치의 출산율은 들어본 적도 없어요.

이상이 인터넷상에서 밈이 되어 많은 사람들에게 알려진 바다. 그러나 이후에 세계적인 노동법 권위자인 조앤 윌리엄스가 전한 한국 저출산 문제의 해결책은 그렇게 잘 알려지지 않았다.

먼저 조앤 윌리엄스 교수는 한국의 유난한 저출생이 한국인들이 갖는 이상적인 인간관과 고착화된 돌봄 책임론에 기인한다고 진단한다. 한국에서 이상적인 근로자는 돌봄에 대한 책임이 아예 없는 근로자다. 반대로 이상적인 양육자는 돌봄에 항상적으로 책임이 있는 양육자다. 동아시아적 가치에 기반한 이 같은 인식이 근로문화는 물론 한국 사회 전반에 깔려있기 때문에 개개인은 일과 가정의 양립이 원천적으로 불가능하며 가정 단위에서 전통적인 역할을 나누어 가져야 한다.

이는 여권 의식이 높아지고 맞벌이가 일반화된 21세기 현대 사회에서는 도저히 통용되기 힘든 생활 양식이다. 이런 근로문화와 이런 사회적 인식 속에서 아이를 낳는 여성은 언제나 실패하는 게임을 해야 한다. 이상적인 근로자인 동시에 이상적인 양육자가 될 수는 없기 때문이다.

"가족을 위해 직장에서 일을 줄인 여성이 '불성실한 노동자'이지만 '훌륭한 어머니'라고 여겨진다면, 이에 반해 남성은 '불성실한 노동자'이자 '무능력한 남자'로 간주됩니다. 가족을 위해 일을 줄이는 남성은 조직에서 직위가 강등되거나 구조조정 대상이 될 가능성이 있는 것이죠."

– 조앤 윌리엄스, 2019년 경향신문과의 인터뷰에서

조앤 윌리엄스가 인터넷 밈이 되며 인기가 높아지자 EBS는 2024년 창사특집으로 '조앤 윌리엄스와의 대화–와! 대한민국 완전히 망했네요' 프로그램을 제작했다. 합계출산율이 0.6명대(예상수치 0.68명)로 줄어든 현재 이 법학자의 반응은 어떤 것이었을까. 조앤 윌리엄스가 바라본 대한민국 저출산의 근본 원인은 한강의 기적을 만들어낸 한국의 노동문화와 가족 비친화적 일터에 있다.

먼저 전사회적으로 이상적인 근로자 상을 재정의해야 한다. 일과 가정의 양립이 가능한 근로자를 탁월하게 여기고 격려와 칭찬을 보냄으로써 남자에게는 일터에서 벗어나 자녀를 돌보는 기쁨을 누리게 하고, 여성에게는 가정에서 벗어나 일하는 기쁨을 누리게 해야 한다. 이는 회사에 수 개월간의 육아휴직을 강력하고도 당당하게 요청하고 '엄마의 일'을 즐겁게 해나갈 수 있는 남성 근로자들의 '적극적인 부성'을 필요로 한다.

두 번째로는 '더 적게 일해야 한다' 지금까지 한국의 강력한 성장동력이 되어주었던 한국의 노동문화가 지금은 대한민국 경제는 물론 나라의 존립 기반 자체를 위협하고 있다. 주 52시간 근로는 육아를 하기에는 너무 많으며 이는 유연근무제 등의 우회 방안으로 해결할 수 있는 것이 아니라는 게('길게 일하는 한 주 동안 아이를 얼려놓을 수 있다면 (유연근무제도) 괜찮을 것이다'–2024년 동아일보와의 인터뷰에서) 조앤 윌리엄스의 진단이다.

새로 출연한 EBS 프로그램에서 조앤 윌리엄스는 1년 전 자신의 발언이 무례했다고 사과했다. 올해 들어 수많은 한국 언론사와의 취재와 인터뷰를 진행한 조앤 윌리엄스 교수는 희망의 메시지를 전해주기도 했다.

'한국을 지금(의 경제성장)에 이르게 한 방법과 추진력이 지금 상황을
극복하게 할 것입니다. 분명히 출구는 있습니다'
– 조앤 윌리엄스, 2024년 동아일보와의 인터뷰에서

워라밸, 정책과 현실 사이

2023년 8월 8~25일 전국 만 19~49세 남녀 2천명 대상 설문조사

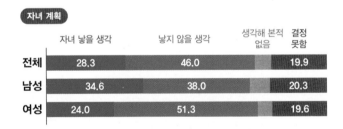

전국 만19~49세 남녀 2천명을 대상으로 실시한 출산 인식조사
(2023년 8월 8~25일 / 출처: 저출산고령사회위원회)

정부가 제4차 저출산·고령사회 기본계획에서 저출생 대책의 핵심 방향을 워라벨로 설정한 이후로 이미 우리 사회에서는 대대적인 워라벨 정책들이 시행되고 있다. 경제계에서도 멀지 않은 미래 인구 감소가 불러올 경기 침체에 대한 위기감이 고조되면서 대기업을 중심으로 사원들의 워라벨에 상당한 관심을 기울이는 회사들이 점점 더 늘어나고 있다. 그럼에도 실제 가정에서는 이와 같은 변화가 잘 감지되고 있지는 않은 듯 하다. 그 이유가 무엇일까?

　2023년 8월, 한국보건사회연구원이 저출산고령사회위원회의 의뢰로 전국 만19~49세 남녀 2,000명을 대상으로 자녀계획에 대한 설문조사를 진행한 결과 아이를 '낳지 않을 생각'이라고 응답한 비율이 46%로 가장 높아 현재 우리가 초저출생 시대에 살고 있음을 다시금 실감케 했다.

　그런데 부수적인 설문 결과가 보다 흥미롭게 다가온다. 설문 대상에게 저출생 현상의 원인에 점수를 매겨달라고 요구했을 때, 가장 높은 점수가 나온 것은 '일과 육아를 병행하기 어려운 구조'(8.72점)였다. 저출생과 워라벨 지수가 얼마나 깊은 상관관계를 맺고 있는지가 입증된 것이다. 또한 전체 설문 대상 중 단지 22%만이 육아기 근로시간 단축, 육아휴직, 유연근무 제도 등 현재 정부가 시행하고 있는 워라벨 정책, 일-가정의 양립 정책을 알고 있다고 답했다.

맞벌이 부모의 일가정양립을 위해 필요한 사항(1순위)

(단위: %)

구분	육아를 위한 시간 확보	육아지원제도를 자유롭게 사용할 수 있는 직장문화	기관 돌봄 서비스 이용기회 및 시간 보장	배운장간 육아 분담	처분 이력	자녀 유문에 상관없이 유연근무제 이용 활성화	기타
전체	38.8	18.3	15.7	14.9	6.5	5.2	0.6
남성	39.4	18.0	19.2	9.1	8.7	4.7	0.9
여성	38.2	18.7	11.9	21.0	4.1	5.7	0.4

육아휴직을 신청하지 않는 사유별 동의 비율

(단위: %)

구분	전체	남성	여성
경력 및 승진, 배치 등 불이익이 염려되어	89.1	87.4	90.9
사내눈치 등 조직문화 때문에	87.4	84.7	90.2
육아휴직기간 동안의 소득감소 때문	84.6	84.4	84.8
육아휴직 등으로 동료 등에게 폐를 끼칠까봐	80.9	79.2	82.6
경력유지, 커리어개발 등으로 일을 계속하고 싶어서	79.1	72.2	86.4
신청했으나 회사에서 허락하지 않아서	66.0	62.9	69.2

(자료 출처 : 저출산고령사회위원회)

저출산고령사회위원회가 2024년에 실시한 '결혼·출산·양육 인식 조사' 설문 결과에서는 이와 같은 정부 시책에 대한 불신이 더욱 더 두드러진다. 응답 대상자들은 지금까지의 저출산 정책은 효과가 없다고 판단(90.8%)하였으며 그간의 저출산정책 캠페인에 반감이 든다(48.0%)고 했다. 반면 정부가 추진 중이거나 현재 시행 중인 각각의 대책들에 대해서는 저출산 해결에 도움이 될 것이라고 답해('자유로운 육아휴직 제도 사용(81.9%)', '자녀가 있는 가구에 대한 다양한 할인 혜택 부여(74.3%)', '출산에 대한 가산제 도입(60.1%)', '남녀 평등한 육아 참여 문화 조성(77.6%)', '양육의 지지하는 육아 친화적 문화(76.4%)', '육아 인프라 확대(75.3%)' 괴리감을 느끼게 했다. 저출산 대책의 방향성에는 동의하지만 실제 시행되고 있는 정책에 대해서는 부정적으로 답한 것이다.

이 같이 정책과 현실 사이에 괴리가 생기는 가장 큰 원인이 사내 근로문화에 있음은 해당 설문조사의 '육아휴직을 신청하지 않는 사유별 동의 비율' 항목에서 드러난다. 위에서 보듯 가장 많은 동의를 얻은 정부의 저출산 대책은 '자유로운 육아휴직 제도 사용'이었다. 부모는 아이와 최대한 많은 시간을 함께 있고 싶어 하고 직접 아이를 키우고 싶어 한다. 제도가 없는 것도 아니다. 대한민국 법은 한 아이당 1년 이내의 육아휴직을 보장해주고 있으며(남녀고용평등과 일·가정 양립 지원에 관한 법률) 공무원, 교원에게는 3년까지도 보장해준다. 물론 남성도 여성과 마찬가지도 육아휴직을 신청할 수 있다. 동시에 남자와 여자 모두 신청할 수 없기도 하다. 육아휴직은 개개인에게 '경력 및 승진, 배치에 불이익'을 주며(89.1%), '사내 눈치'를 받게 되는(87.4%) 결과를 초래하기 때문이다.

제도적으로 보장된 육아휴직을 쓴다고 승진과 배치에 불이익을 준다니 너무 치사한 것이라고 느껴질지도 모른다. 하지만 그것이 기업의 생리다. 영리를 목적으로 치밀하게 조직을 짜고 인사관리에 많은 돈을 쓰고 있는 회사들 입장에서는 근로자의 이탈이 치명적인 손실로 이어진다. 조직문화에 속하여 서로를 지탱하며 일거리를 분배하고 있는 동료들 또한 마찬가지다. 한 명이 빠지면 그만큼 내가 해야 할 일이 늘어나며 아니라 기존의 안정성 또한 흔들리기 마련이다. 회사들 입장에서는 어떻게든 육아휴직을 막아야 하는데, 제도적으로는 막을 길이 없으니 이처럼 치사한 수법을 쓰게 된다. 관련법 위반으로 처벌을 받게 되더라도 말이다. 고용노동부의 '2022년 기준 일·가정 양립 실태조사' 보고서에는 '육아휴직자에게 승진 불이익을 주는 기업'이 70% 이상으로 조사되었으며 육아휴직제 사용이 꼭 필요한 사람도 전혀 사용이 불가능하다고 답한 사업체도 20.4%에 달했다.

대기업의 워라벨, 그리고 중소기업의 워라벨

출산 지원 제도와 현실 사이의 괴리에서 생기는 곤란함은 앞서 제시한 부영그룹의 사례와 같이 리더십과 자체적인 사내 문화 개선을 통해 해결되기도 한다. 또한 이 괴리를 해소하기 위한 일반적인 조건들은 많은 사람들이 이야기하듯 구성원 간의 합의와 배려, 사회적 인식의 성숙성 제고 등일 것이다. 하지만 무엇보다 중요한 것은 '중소기업이 변해야 한다'는 것이다.

앞서 대한민국 저출산 현상과 한국 노동문화의 상관성에 대해 분석한 조앤 윌리엄스 교수가 지적하고 있듯 대기업의 가족친화적 노동문화 형성에는 그래도 상당한 진전이 있었다. 근로시간이 단축되었고 육아 지원 제도로 확대되었다. 2011년 포스코그룹이 국내 대기업 중 처음으로 1년 유급(통상 임금의 80%) + 1년 무급의 2년 육아휴직제를 시행하여 법정 1년 이내의 육아 휴직 기간을 2년으로 늘린 이래, 삼성전자와 현대차그룹, LG전자, 롯데그룹이 동참하였고 최근에는(2024년 4월) SK그룹의 배터리 사업 계열사 SK온도 함께 하며 대기업들에서는 '현행법보다 나은' 2년 육아휴직제가 자리를 잡아가고 있다. 특히 육아휴직 이후 복직 시 희망부서에 우선 배치하거나(삼성전자) 상급자의 결재 없이 자동으로 육아휴직을 받는(롯데그룹) 제도적 방법으로 신청자가 받을 사내 불이익이나 회사 눈치 살피기에 대한 우려도 최소화하고 있다.

문제는 전체 기업의 90% 이상을 차지하는 중소기업이다. 고용노동부가 2022년 말 기준으로 작성한 300인 미만 기업체의 1인당 복지비용(13만6천원)은 300인 이상 기업체 1인당 복지비용(40만900원)의 34.1% 수준에 불과하다. 또한 이같은 대기업과 중소기업 간 복지비용의 격차는 2012년 조사된 것보다 3배 가량 벌어진 것으로 집계되었다.

일과 가정의 양립에 있어서도 대기업과 중소기업 간의 격차는 상당하다. 정부가 나서서 중소기업의 워라밸 실현을 정책적으로 도와주고 밀어주어야 한다. 대한민국 근로자들의 워라밸이 곧 출산율을 높이는 정책임을 잊지 말아야 한다.

중소기업의 경영자들 또한 자체적인 노력을 아끼지 말아야 한다. 경제 상황이 안 좋은 시기에 회사를 경영하는 사람은 잠조차 편히 자기 어려움을 안다. 중소기업을 경영하는 일은 열악함을 견디는 일이며 몇 번씩이나 피 말리는 재정 상황과 싸우는 일이다. 그럼에도 이제 젊은 경영자들 중에선 세상이 바뀌었다는 것을 아는 이들이 늘고 있다. 피고용인들을 회사에 잡아두고 권위적으로 경영하려 하기보다 사원들의 출퇴근 시간을 자율화하는 대신 업무 효율성을 올리는 근로환경을 만드는데 열심을 내는 경영자들이 있다. 이들이 운영하는 회사들은 반드시 잘되어야 한다. 그래야 대한민국 중소기업의 근로환경 전반이 바뀔 것이고 출산율이 정상화될 것이기 때문이다.

새로운 기초 쌓기, 대기업의 사례들

먼저는 대한민국 근로문화의 큰 틀을 잡고 있는 대기업의 돌봄과 출산 지원책을 추가적으로 살펴보고자 한다. 이후로 대한민국 사회 전반에서 실제적인 변화를 이끌어 낼 수 있는 중소기업들의 워라밸에 대해 알아볼 것이다.

대기업의 돌봄과 출산 지원에서도 앞서 파격적인 육아휴직제를 최초 시행한 포스코 그룹의 사례가 먼저 눈에 들어온다. 포스코에서는 현재 포항과 광양 두 지역에 그룹사와 협력사 뿐 아니라 지역 중소기업의 직원 자녀까지 이용 가능한 상생형 공동직장어린이집을 운영하여 큰 호평을 받고 있다. 대기업에서 운영하는 직장어린이집은 사용자들을 대상으로 한 어린이집 선호도에서 항상 1위를 차지할 정도로 고품질의 돌봄, 교육 서비스를 제공한다. 다만 계열사만 이용 가능한 폐쇄성을 지적받아왔는데 포스코에서 과감히 지역과 협력사에 개방한 것이다. 포스코의 상생형 어린이집은 전체 정원의 50%를 협력사 자녀에게 할애하고 지역기업 자녀들까지 포용하여 총 190개사의 직원 자녀들이 이용 가능한 시설로 운영되고 있다.

LG전자는 임신 전부터 임신기, 육아기에 이르는 전 주기에 걸치는 세심한 지원책을 준비했다. 임신 전에는 연간 최대 6일의 유급 난임치료휴가가 부여되며 최대 3개월의 난임치료휴직제도도 운영된다. 임신기에는 법정 휴직과 별도로 6개월간의 임신 휴직을 부여하고 급여 삭감 없이 근로시간도 단축된다. 육아기의 휴직은 위에서 설명한 바와 같이 2년까지 사용가능하며 인사상의 불이익을 방지할 다양한 장치가 마련되어 있다.

신한금융그룹도 직장 구성원을 넘어 사회공헌적인 활동으로 출산 지원책을 펼치고 있다. 23년 10월~24년 3월까지 총 585쌍의 난임부부를 지원하고 공동육아시설인 신한꿈도담터를 전국 200개소 조성하여 돌봄공백에 대비했다. 특히 신한그룹이 주목한 것은 중소기업과의 상생이었다. 2024년 8월, 신한금융은 대·중소기업·농어업협력재단과 함께 대·중소기업상생협력기금 제1호를 출연하는 업무협약을 체결했다. 100억원의 출연기금으로 중소기업의 일·가정 양립지원 사업 등을 지원하겠다는 뜻을 보여준 것이다. 이 출연이 신호탄이 되어 보다 많은 상생적 협력체계가 구축되고 대한민국의 저변이 바뀌어 가기를 바라마지 않는다.

풀뿌리부터 변하기, 중소기업의 사례들

2012년 설립한 화장품 기업 '마녀공장'은 2022년부터 완전 자율 출퇴근제를 시행하고 있다. 이 회사 직원들은 오전 6시~오후 10시 사이에서 자유롭게 출퇴근하고 한 달 동안 171.4시간의 근무시간만 채우면 동료나 상급자에게 아무런 잔소리도 들을 일이 없다. 자기가 속한 팀 내에서 근무 일정을 조정해두기만 하면 된다. 직원 중 누군가가 육아휴직을 쓰게 되면 회사는 곧바로 대체 인력을 정규직으로 채용한다. 때문에 휴직계를 쓴다고 동료들 눈치를 볼 일이 없다. 완전 자율 출퇴근과 월 소정근로시간(209시간)에 비해 30시간 이상 적은 근무시간. 이 회사의 다소 파격적인 워라밸 방식은 K뷰티의 대두로 회사가 급성장하던 시기에 설정되었다. 당시 야근과 초과근무에 시달리던 직원들을 보고 경영자가 젊은 회사답게 혁신적인 근로 문화를 만들어

보자는 결심을 했던 것이다. 직원들이 기뻐했으며 업무 능률 또한 기대 이상으로 올라 갔다. 완전 자율 출퇴근제 시행 이후 1년 만에 회사가 코스닥에 상장되며 '마녀공장'의 실험적인 경영은 대성공을 거두었다.

의약품 제조 중소기업 한화제약은 특히 집합근무 방식의 제조업 생산공장에서도 주4일 근무제를 시행하는게 가능하다는 것을 보여주었다. 회사에서는 먼저 직원들을 생산직, 사무직, 영업직으로 분류하여 수도권에서 근무하는 사무직, 연구직 직원들에게는 시차출퇴근제를, 외근이 잦은 영업직 직원들에게는 스마트워크(시간과 장소에 얽매이지 않고 재택근무, 모바일근무, 스마트워크센터 근무 등 다양한 방식으로 근무하는 근로방식)를 적용했다. 이어서 생산직에게는 주4일제를 부여하였는데 생산성은 전보다 하락하지 않았다.

2009년 설립된 환경 NGO '에코맘 코리아'는 매년 세계 3만명 이상의 아이들에게 환경 교육을 하는 회사다. 전직원이 30명인 이 회사는 한명 한명의 직원을 회사의 소중한 자산으로 여기고 대우한다. 출산과 양육의 시간이 필요한 직원이 있으면 모두가 함께 배려하고 응원한다. 자녀를 등교시키는 직원은 오전 10시까지 사무실에 나와 30분 일찍 퇴근할 수 있다. 아이를 맡길 수 없을 때는 회사에 데리고 와도 된다. 심지어 아이를 회의실에 데리고 들어오는 것도 가능하다. 유치원이나 어린이집에 맡긴 아이들은 부모님이 데리러 와주길 기다린다는 데서 착안한 오후 3시 퇴근제도는 아이를 양육하는 직원에게 정기적으로 조기 퇴근할 수 있는 혜택을 주어서 아이에게 가장 먼저 하원하는 기쁨을 느끼게 해준다. 육아휴직 후 복직하는 직원에게는 업무

감각을 끌어올리고 자신감을 회복할 수 있는 일을 주고 곁에서 도와준다. 경영자와 구성원들의 따뜻한 성품과 서로를 소중히 여기는 마음이 바탕이 되어 창출해낸 워라밸형 근로 문화다.

2012년 설립해 최근 크게 성장하고 있는 프리랜서 중개 플랫폼 '크몽'도 파격적인 워라밸 정책을 펼치는 중소기업이다. 이 회사는 2017년 주 35시간 근무제를 시행하고 2019년에는 신청을 받아 재택근무제를 시행했다. 이 제도는 일주일에 한 번만 회사에 나오고 나머지 주 4회는 집에서 오전 10시 ~ 오후 6시까지 일하는 것으로서 전체 150명 직원 중 70% 이상이 이 주 4회 재택근무를 신청해 근로하고 있다. 출근일마저 시차 출퇴근제를 두어 오전 8~11시 사이 편한 시간대에 출근하고 7시간의 근무시간을 채우면 된다. 그러니 직원들은 일과 육아의 병행에 아무런 문제가 없다고 말하고 심지어 육아 휴직계를 쓰는 직원 수도 적어 설립 시점부터 지금까지 11명에 불과했다고 한다. 그중 남성이 4명이나 된다는 점도 대단히 고무적이다. '크몽'의 재택근무제도가 중심이 된 워라밸은 자율적으로 일해서 성과를 내자는 정보화 시대의 회사와 경영진의 신선한 감각과 가치관이 일구어낸 이윤창출 이상의 가치를 지닌 또 하나의 성과일 것이다.

정부 또한 워라밸 모범기업들을 발굴하고 격려하는데 힘을 쏟고 있다. 고용노동부에서는 대한민국 일·생활균형 우수기업을 매년 100개소 내외 씩 선정하여 발표하고 있으며 여성가족부도 가족친화인증제도를 운영하여 시행 첫해인 2008년 14개사 인증에서 출발해 2023년 12월 기준 5,911개사에게 인증을 부여하고 관리하는 제도로 성장시켰다. 지난 6월에는 주형환 저출산고령사회위원회 부위원장이 바쁜 일정 가운데에서도 일·생활균형 우수 중소기업으로 60명의 직원이 근무하고 있는 '로그프레소'를 방문해 현장 간담회를 가졌다. 정부가 저출생 대책에 있어 워라밸 정책, 특히 중소기업의 워라밸 정책을 얼마나 중요하게 여기고 있는지를 확인시켜주는 방문이었다.

소프트웨어 개발 및 공급을 전문으로 하는 로그프레소 역시 선택근무와 시차출퇴근제를 운영한다. 또 매월 마지막 주 금요일에는 조기퇴근하여 가족과 시간을 보낼 수 있도록 배려한다. 로그프레소의 사례는 업무량이 많다고 여겨지는 ICT 분야에서 정부가 제시하는 유연근무제의 기본적인 수칙을 잘 실현해낸 점에서 주목할 만하다.

중소기업에서 워라밸을 실현하는 것은 단순히 운영 규칙을 변경하는 기술적인 문제가 아니라 주어진 현실조건에 맞서는 용기가 필요한 일이다. 우리 대한민국 사회가 저변으로부터 중심을 향해 워라밸 문화를 정착시켜나가고 이를 저출생 해법의 기초 틀로 세우고자 한다면 먼저 판을 바꿀 만한 역량을 갖춘 중소기업 경영진들의 결단이 있어야 한다. 정부는 대체인력지원금의 확충 등 제도적인 지원책으로 그와 같은 경영진들의 용기를 북돋워주어야 할 것이며 대기업과 금융권 또한 중소기업과 상생하고자 하는 의지를 보여주어야 할 것이다.

24년 9월, 저출산고령사회위원회는 윤석열 대통령 주재로 일·가정 양립 우수기업 성과공유회를 개최했다. 위에서 언급한 마녀공장, 한화제약, LG전자, 포스코, 신한금융그룹 등의 사례가 공유되었고 참석자들의 현장 건의에 의해 제도개선 방향도 잡을 수 있었다. 아래의 4가지 내용이 현장에서 건의되어 제도 개선에 반영되기로 한 내용들이다.

① 단축근무, 반차 등으로 4시간 근무시 근로자가 원하면
　　30분 휴게시간 없이 바로 퇴근 허용
② 가족친화인증, 일 · 생활 균형 우수기업으로 선정된 중소기업에 대해
　　국세청 정기 세무조사 유예
③ 임신 · 육아기 근로자부터 재택근무 · 시차출퇴근제 등
　　유연근무 제도화 추진
④ 국 · 공립 및 공공기관 직장어린이집의 지역주민 등에 개방 확대

지자체와 기업들의 참여와 연대는 희망적이다. 그러나 이로써는 잘 해야 국지적인 승리를 거둘 뿐이며 저출생이라는 전쟁에서 최종적으로 승리하기에는 너무나 불충분하다. 무엇보다 중요한 것은 각각의 개인들, 국민들의 참여다.

어떻게 해야 개인이 움직이고 국민들이 움직일 수 있을까? 우리는 정치적인 아젠다가 더 이상 국민들을 하나로 만들지 못하고 오히려 분열시키는 모습을 보았다. 또한 현 세대는 이전 세대와는 달리 나라를 위한 개인의 희생을 당연시하지 않는다.

과거 대한민국 축구 대표팀의 주장이었던 박지성 선수가 국가대표 은퇴를 결심했을 당시, 지난 세기에 활약한 원로 축구인이었던 이회택 선생은 선수의 결정에 반대하며 박지성의 몸은 자신의 몸이 아닌 국가의 몸이라고 말했다. 이회택 선생과 같은 시대를 살았던 이들이라면 무슨 뜻인지를 이해하고 공감할만한 발언이었지만 오늘날의 젊은 세대에게는 끔찍한 실언일 뿐이었다. 어떻게 박지성 개인의 몸이 국가의 것이란 말인가?

이제는 조국애에 대한 호소로, 또는 정치적인 메시지로 국민 전체의 하나된 움직임을 이끌어 낼 수 있는 시대가 아니다. 지극히 다원화되고 파편화된 현 시대에 남은 단 하나의 정신적 푯대가 있다면 그것은 바로 종교다. 정부에서도 이를 인지한듯 작년 11월에는 보건복지부와 저출산고령사회위원회가 함께 '저출산 극복을 위한 종교계 협의체'를 발족하여 7대 종단(개신교, 불교, 유교, 원불교, 천도교, 천주교, 민족종교)의 협력을 요청했다. 구체적인 요청사항은 결혼 출산 양육과 관련한 긍정적인 인식확산 캠페인, 작지만 성스러운 결혼문화 확산, 예비부부 지원 등 종교단체별 특성에 맞는 사업 추진 등이었다.

CTS기독교TV(CTS) 역시 이에 앞선 2022년 8월, 저출생대책국민운동본부를 설립하여 저출생 극복을 위한 범종교적 국민운동을 개진하여 지금까지 이어오고 있다. 저출생대책국민운동본부의 모토는 오늘날의 저출생 문제는 종교만이 해결할 수 있다는 것이다. 현재 운동본부에서는 이 주장을 실현시키기 위한 구체적인 사업방침을 정하여 매우 활발히 전개하고 있는 중이다.

앞으로 이 땅에서 벌어질 저출생과의 싸움은 전면적이고 총체적인 성질의 것이어서 마치 전쟁을 방불케 할 것이다. 이제 우리는 종교를 빛으로 삼아 국민들에게 이 전쟁에서 승리할 길을 제시하고, 가장 앞서 그 길로 나아가고자 한다.

유교계

　대한민국에서 유교는 그 종교적 역할을 마친지 오래이지만 여전히 강력한 정신적 대들보로서 온 국민들의 생각과 마음을 떠받치고 있다. 우리는 올바르게 살아가는 게 어떤 것인지를 유교 성현들의 가르침에 기반해서 생각하고 행동한다. 하지만 안타깝게도 유교에 근간한 전통적인 가치체계는 근대화를 거쳐 정보화 시대로 나아가는 오늘날에는 큰 도전을 받고 있다. 거대한 변화의 물결 속에서 심지어 유교적 전통 가치가 저출생의 근본 원인 중 하나로 지목되기까지 한다.

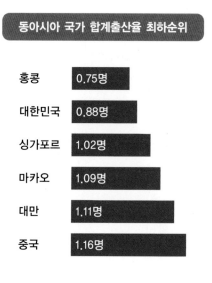

출처: UN 2022년 세계인구전망 보고서

　2022년 세계 238개국을 대상으로 합계출산율을 자체 조사한 '유엔 세계인구 전망 2022년 보고서'를 보면 최하순위를 기록한 10개 나라 중 6개 나라가 동아시아 국가다. 24년 현재에는 동아시아 주요 국가 중 합계출산율 1명대를 넘긴건 심각한 출산율 저하로 인해 체제 붕괴를 우려하고 있는 일본(1.3명) 한 나라뿐이다.

왜 동아시아 전역에서 동시에 이와 같은 현상이 일어난 것일까? 많은 학자들이 동아시아권의 유교 문화를 그 원인으로 지목한다. 동아시아 지역에서 2천 년이 넘는 시간 동안 윤리적 원칙이 되어온 유교가 현대 사회와 충돌하며 나타난 현상이라는 것이다. 현대 사회와 충돌하는 유교적 가치의 목록들은 다음과 같다.

> 1) 성에 관한 도덕적 엄숙주의
>
> 2) 엄격한 성 역할 구분으로 한쪽 성에 집중되는 육아 부담
>
> 3) 사회적 성취를 중시하는 입신양명 문화
>
> 4) 과거제 전통으로 인한 학력주의
>
> 5) 삶의 만족도보다 근면 성실을 강조하는 사회 분위기
>
> (한겨레21, 인구절벽 유독 심한 동아시아 국가들, 왜 그럴까 김미향 기자)

일반적으로 사람들이 생각하는 출산율에 있어서 유교가 끼친 악영향이라면 고정된 성 역할을 떠올리기 쉽지만, 학자들이 생각하는 보다 결정적인 폐해는 학력주의다. 대만 국립연구소의 인구통계학자인 앨리스 옌신 정은 유교문화권의 과거제 전통이 오늘날에도 영향을 끼쳐 동아시아 지역의 청년들은 사회적으로 인정받는 직위를 얻는 것을 인생에서 가장 중요한 목표로 설정한다고 말한다. 때문에 이들은 대학 입학시험에 이은 각종 시험 준비와 자격증 확보에 경쟁적으로 매진하고 연애와 결혼, 출산 등을 후순위로 밀어낸다. 한번 생애주기에

서 밀려난 결혼과 출산은 인생의 다음 주기에서는 보다 실현하기가 어려워지고 이와 같은 이유로 동아시아 전역에 극심한 출산율 저하 현상이 나타났다는 것이다.

또한 우리에게 보다 직관적으로 이해되는 유교와 저출생 현상의 관련성으로는 유교적 체면 문화와 가족 간 위계 구도에 있다. 김민식 저출산문제연구소장은 체면을 중시해 호화로운 결혼식과 많은 혼수를 준비해야 하는 까다로움과 시부모에 대한 복종 강요가 저출생의 원인 중 하나로 보인다고 지적한다. 또한 노원명 매일경제 기자는 자식의 성공과 출세를 부모의 트로피로 여기는 체면 문화, 그 자녀가 합격한 대학과 들어간 직장으로 다른 사람의 인생을 평가하고 평가받는 문화가 자녀 양육과 교육을 전쟁터로 만들었다고 말하며 결국 이와 같이 과열된 교육열이 출산율 저하의 원인이 아니겠느냐고 주장한다. 사람들이 아예 참전 자체를 포기하게 되었다는 것이다.

오늘날 출산율 저하에 유교가 끼친 폐해는 유교 자체의 폐해라기보다는 수천 년 동안 고착화된 지배이념이 끼친 폐해로 보아야 할 것이다. 이는 물론 하루 아침에 극복할 수 있는 것이 아니다. 그러나 유교계의 지도자들과 연구자들은 끊임없는 노력과 내부적인 혁신으로 기원전 야만의 시대에 인간의 존엄성을 성찰하는 한편, 생명윤리의 기틀을 세우고 가족 구성원의 탄생을 아름답게 여겼던 유교 본연의 가치관을 세워가야 할 것이다. 이를 위한 실천적 과제로서 대한민국 유교계가 저출생 극복을 위해 보다 더 적극적으로 동참해주기를 소망해본다.

불교계

불교계에서 기획한 템플스테이 미팅 프로그램 '나는 절로'
(출처_대한불교조계종사회복지재단)

최근 대한불교조계종에서는 미혼남녀의 템플스테이를 통해 만남을
기회를 제공하는 '나는 절로'라는 미팅 프로그램을 진행했다. 20명의
젊은 남녀가 인천에 위치한 사찰인 전등사에서 만나 1박2일 동안 식
사와 산책 등을 하며 서로를 알아갔고 4쌍의 커플이 탄생했다. 이 프
로그램을 계획한 조계종 사회복지재단 대표이사 묘장 스님은 저출산
문제 극복은 결혼과 가정의 소중함을 아는 것에서 시작되어야 한다며
종교계가 만남의 장을 만들어 혼인과 출산에 대한 긍정적인 인식을
확산해야 한다고 말했다.

대한민국 거대 종교 중 하나인 불교계에서는 나라의 저출생 문제
극복에 동참하려는 의지가 확연하며 위의 사례에서 보듯 매우 나양한

방법으로 이를 실천하고 있다. 불교계의 전통적인 호국 정신인 동시에 다른 이들과 공동체의 아픔에 예민하게 반응하여 이를 해결하고자 하는 종교적인 열심의 발로이기도 하다.

사실 원시 불교를 비롯한 불교 경전 내에서는 출산 자체를 장려하는 메시지가 직접적으로 선포되지는 않는다. 불교에서는 인생을 고통스럽게 윤회하는 것이라고 보고 소멸을 통해 그로부터 벗어나기를 추구하기 때문이다. 만물에 실체가 없고 나도 없다고 가르치는 불교에서 출산은 이로울 것도, 아름다울 것도 없는 변화의 과정에 지나지 않을지도 모른다.

인생을 극복해야 할 고통이라고 보는 것은 불교뿐만이 아니다. 기독교계에서도 인간을 기본적으로 타락해있는 상태에 처해있는 것으로 보며 이단 계통에서는 이와 같은 비관적인 견지를 교리로까지 끌고 와서 결혼과 출산을 부정하는 경향을 보이기도 했다. 하지만 태어남을 고통이라고 단언하는 불교만큼 후대의 철학과 종교에 허무주의적인 영향을 끼친 종교는 따로 없는 듯 하다. 불교를 오랜 시간 연구한 독일의 철학자 아르투어 쇼펜하우어는 인생을 비존재의 축복받은 고요를 방해하는 사건으로 보았으며 남아프리카 공화국의 철학자인 데이비드 베너타는 아예 '태어나지 않는 것이 낫다: 존재하게 되는 것의 해악'(Better Never to Have Been: The Harm of Coming into Existence))이라는 책을 저술해 '반출생주의'라는 기이한 철학 사상을 세상에 내놓았다. 반출생주의 역시 고통과 쾌락, 존재와 부재의 비교를 통해 도출한 '고통을 회피하는 방법'이었다.

그러나 위대한 종교는 결코 인생이 고통이라는 사실 자체를 두려워하지는 않는 법이다. 석가모니는 오히려 세상의 고통 일체를 전부 다 품고자 하였으며 이를 적극적으로 해결할 방법을 제시하고자 했다. 또한 석가모니는 아내인 야쇼다라와의 사이에서 자식을 낳아 라훌라라 이름 짓고 깊이 사랑했다고 전해진다. 그런 불교의 교조를 한 일면만 보고 반출생주의자로 오독하는 것은 미련하기 그지없는 일이다.

하지만 그렇다고 불교가 출생주의적인 종교인지를 묻는다면 그 또한 아니라고 답할 수밖에 없다. 그 때문인지 불교계에서는 최근 저출산 극복에 대한 적극적으로 참여하려는 뜻을 피력한 것에 비해 영유아 시설이나 어린이집과 같은 돌봄 시설을 만들어 운영하는데 소극적이다.

2000년대 들어서는 불교계 내부에서도 변화를 요청하는 움직임이 있었다. 평창 극락사 회주로 수십 년 동안 어린이 법회를 열어온 자용 스님은 2012년 1사찰 1어린이집 운동을 펼치며 불교계의 보다 적극적인 돌봄시설 운영을 촉구했고 금강신문, 불교신문, 현대불교 등 불교계 언론 쪽에서도 불교의 미래를 위한 유아 포교와 돌봄 시설 건립을 주장하는 기사들이 실렸다.

이 기사들에서는 특히 기독교계가 기존에 시행하고 있던 아동 돌봄과 교육에 대한 언급이 자주 눈에 띈다. '유아 교육은 개신교 선교의 힘' '일제강점기에 세워진 유치원의 90% 이상이 기독교 정신에 입각해 세워졌다는 게 학계의 정설'(금강신문, 2015.1.30. 윤완수·조용주 기자), '전문적인 교육을 받은 아이 돌봄이를 구할 수 있는 곳은 어디가 있을까. 여러 중계 사이트도 있지만 영유아 부모들이 가장 선호하는 곳은 기독교계인 YWCA' 'YWCA와 같은 불교계 사회봉사·서비스 조직은 없을까. 애석하게도 없다'(현대불교, 2018.2.2. 노덕현 기자) 등이 그와 같은 대목들이다.

원불교계

원불교 교정원 문화사회부에서 주최한 원불교 다시살림 캠페인 포스터

우리나라에서 4번째로 신도수가 많은 종교인 원불교계에서도 저출산 극복에 적극적으로 동참하고 있다. 최근 원불교가 보건복지부와 함께 펼치기로 한 저출산 대응 사업은 그 규모가 개신교, 불교, 천주교와 동일하다. '원불교 다시살림 캠페인'이라고 이름지은 해당 사업은 '마음학교', '맞선캠프', '부모교육' 등 명상과 만남, 강의 프로그램을 내용으로 한다. '복 중에는 인연 복이 제일'이라는 표어도 눈에 띈다.

원불교가 사회적 문제의 원인을 분석하는 관점은 독특하다. 작년 12월 김영미 당시 저출산고령사회위원회 부위원장을 만난 자리에서

나상호 원불교 교정원장은 저출생의 해법으로 '우리 사회의 불안을 해소하며 마음의 평안을 찾아야'함을 들었다. 원불교 청년세대가 꼽은 구직활동의 가장 어려운 점은 '네가 무엇을 원하고 잘 하는가를 모른다는 것'이다.(원불교 청년세대의 취업, 결혼, 출산 의식 실태, 박세훈 · 박윤호)

실제로 불안과 무지야말로 개개인의 심리적인 영역 너머 우리가 모여 사는 사회와 현실 속에서 강대한 힘을 발휘하고 있는, 첫 번째로 물리쳐야 할 적들인지도 모를 일이다. 또한 그런 종류의 적들과 맞서 싸우기 위해 종교의 힘이 필요하다는 것은 자명한 사실이다. 원불교의 관점에서는 대한민국의 고질병인 세계 최저 수준의 저출산과 세계 최고 수준의 자살률이 한 쌍으로 연결되어 있다. 원불교가 시행하는 마음공부 사업이 부디 이 나라의 매년 하락해가는 저출생에 제동을 걸어주는 귀한 장치가 되어주길 바란다.

천주교계

그동안 출산에 있어서 가톨릭 교회가 강조해 온 것은 출산아의 수가 아니라 출산의 방식이었다. 비록 많은 사회적 논란이 있었고 그 논란들이 지금까지도 진행 중이기는 하지만 가톨릭 교회는 낙태를 용납할 수 없었던 것이다.

가톨릭 교회가 힘을 쏟아온 사업은 생명운동 사업이었다. 제264대 교황으로 사후에 성인으로까지 시성되었던 요한 바오로 2세는 '생명운동은 이 지구상 일 가운데 가장 중요한 일'이라고 말하며 1995년 새로운 회칙으로 '생명의 복음'(Evangelium Vitae)을 반포했다. 낙태와 안락사의 합법화, 끝없는 전쟁 등 오늘날의 현실은 죽음의 문화이며 이에 대항해 '생명의 문화'를 세워가는 것이 교회가 부여받은 절대적인 소명이라는 것이었다.

출산 대신 반려동물을 키우는 일이 이기적이며 인류에 해를 끼친다고 언급한 프란치스코 교황
(출처: 바티칸 교황청)

그러나 전세계적인 저출생 기조는 가톨릭 교회에 새로운 시대적 소명의식을 요구하고 있다. 266대 교황으로 현 교황인 프란치스코 교황은 현재 각국에서 진행 중인 인구통계학적인 겨울에 대해 자주 언급한다. 이제는 사람들이 아이 낳길 원하지 않거나 한 명 이상 갖고 싶어하지 않는다는 것이다. 이는 바티칸이 있는 이탈리아를 비롯해 유럽 전역에서 나타나는 현상이다. 2022년의 일반 알현에서는 논란거리가 있는 발언이 나왔다.

"오늘 우리는 이기주의의 한 형태를 보고 있습니다. 우리는 어떤 사람들이 아이를 갖고 싶어하지 않는다는 것을 알고 있습니다. 때로는 아이 한 명을 갖지만 그게 전부입니다. 아이 대신 개와 고양이 여러 마리를 키우죠."

– 2022년 1월, 프란치스코 교황

교황은 아이 대신 반려동물을 키우는 것이 부성과 모성을 부정하고 인간성을 앗아가는 것이라고 덧붙이며 생물학적 이유로 아이를 가질 수 없는 사람은 입양을 고려하여 부모가 되는 것을 두려워하지 말라고 당부했다. 아이 대신 반려동물을 키우는 것이 이기적인 일이라는 교황의 발언에 많은 사람들이 당혹해했다.

교황의 과거 발언과 비교해보면 그 진의가 보다 명확해진다. 2014년 교황은 한 이탈리아 매체와의 인터뷰에서 아이보다 반려동물을 우선시하는 현상은 문화적 퇴보라고 말하며 반려동물과의 관계 맺음이 인간 아이와의 관계 맺음보다 수월하기 때문에 이런 일이 벌어지고 있다고 말하고 있다. 사람들이 결혼이나 출산과 같은 인생의 중대 기로를 피해가면서 쉽게만 살아가려 한다는 뜻이다. 교황이 보기에 이는 이기적인 일이다.

1970년대부터 낙태 및 인공유산 반대운동, 미혼모 보호 활동, 순결 운동, 자살 예방 교육 등을 펼치던 한국 카톨릭 교회에서도 교황의 최근 발언들과 더불어 이제는 출산과 양육을 돕는 실질적인 활동을 펼치기 위한 논의가 진행 중이다.

하느님께서 그들에게 복을 내리며 말씀하셨다.
'자식을 많이 낳고 번성하여 땅을 가득 채우고 지배하여라'
– 창세기 1:28 (가톨릭 성경)

보라. 아들들은 주님의 선물이요 몸의 소생은 그분의 상급이다

– 시편 127:3

네 집 안방에는 아내가 풍성한 포도나무 같고

네 밥상 둘레에는 아들들이 올리브 나무 햇순들 같구나.

–시편 128:3

　출산은 기독교 종교에서 곧 축복이자 사명이다. 오늘날에도 천주
교는 우리 대한민국 사회에서 출산율의 저하를 막는 보루 역할을 감
당하기 위해 곳곳에서 헌신하고 있다. 천주교에서 운영하는 유치원
과 어린이집은 부모님이 새벽에 줄을 서서 신청해야 한다는 말이 있
을 만큼 인기 만점이다. 신뢰할 수 있는 인적 자원과 우수한 시설, 풍
부한 프로그램을 갖추고 있기 때문이다. 비록 오늘날에는 아이들이
줄면서 그런 돌봄 시설 마저 운영난을 겪고 있지만 가톨릭 교회는 포
기하지 않을 것이다. 돌봄 시설을 운영하는 일은 당장 성과가 나지 않
고 심지어 손해가 난다고 하더라도 끝내 지켜가야 할 희망의 문제이
기 때문이다. 2023년 프란치스코 교황은 '자녀 출산은 한 민족의 희망
을 나타내는 주요 지표'라고 말했다. 출산율을 지탱하는 일은 곧 민족
의 희망을 지탱하는 일이다.

개신교계

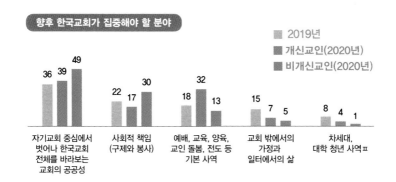

(출처: 한교총, '공교회 및 한국교회 공적역할에 대한 여론조사')
[전국 만19세 이상 개신교인 및 비개신교인 2,000명, 온라인조사, 지앤컴리서치, 2020.22.27~12.07]

2015년 이후 불교의 신도 수를 제치고 대한민국 최대 종교가 된 개
신교(총인구의 약 20%)는 저출생 극복에도 가장 진심이다. 세계성시화
운동본부는 2018년부터 5만여 한국교회들을 대상으로 저출산 극복
캠페인을 진행하고 있다. 한국교회총연합은 2022년 저출산고령사회
위원회와 업무협약을 맺은 후 저출생의 해법을 찾기 위하여 포럼을
개최하고 각 회원 교단에 저출생 대책위 설치를 요청하는 등 바삐 움
직이고 있다. 대한예수교장로회 합동총회는 저출산 극복을 교회의 사
명으로 보고 100일간의 기도 캠페인을 진행했다. 한국기독교공공정
책협의회은 '국가소멸의 저출산 위기 앞에서 민간활용 돌봄정책 도입
이 시급' '출산돌봄교육 국가책임제로 저출생 문제 해결해야 한다' 등
성명서를 연일 발표하고 국가에 저출산 극복 범국가 대책팀 구성을
제안하는 등 정부 옆에 바짝 붙어 세상 어떤 잔소리꾼보다도 많은 말
들로 이 나라의 위정자들이 일하지 않을 수 없게 만들고 있다.

기독교 언론계도 결코 가만히 앉아 있지는 않았다. CBS는 2021년 11월 한국교회 15개 교단과 출산돌봄 국민운동에 대한 업무협약을 맺은 이래 매년 매체를 통해 출산 장려 캠페인을 진행하고 주일마다 교회들을 방문해 출산돌봄을 외치는 사역을 행하고 있다. 또한 우리 CTS 또한 지난 2006년 생명과 희망의 네트워크 발족 이래 2010년 출산장려운동본부 발족, 2022년 저출생대책국민운동본부 출범 등을 주도하며 지금까지 줄곧 사명의식을 가지고 이 땅의 저출생 문제 극복을 위해 사력을 다해왔다.

개신교인들이 이 나라의 저출생 문제 해결을 위해 유독 열심 있게 나서는 까닭은 정확히 설명하기 힘들다. 특별히 개신교인들이 다른 종교인들보다 나은 사람들이라고 말하기 힘들고 나라를 사랑하는 마음 또한 그들보다 낫다고 여기기 힘들기 때문이다. 다만 그동안 마음의 상처를 많이 받아왔던 한국교회와 성도들, 사회 각계의 지탄을 받으며 교회의 이미지가 추락하는 것을 지켜보아야 했던 개신교인들이 다시금 교회의 공교회성을 회복하고자 열망하고 있음을 감지하고 그에 대해 증언할 뿐이다.

대한민국의 성장발전과 안정기에 개교회주의 아래 흩어져 오랜 디아스포라의 시간을 보냈던 5만여 한국교회에게 오늘날 저출생의 국가적 위기는 다시금 교회의 하나됨을 성취할 기회인지도 모른다. 개신교인들은 나라의 위기 속에서 공교회가 얼마나 빛나는 역할을 수행해왔는가를 종종 되돌아본다.

일제강점기였던 1919년 3·1운동 당시 민족대표 33인 중 16명이 기독교인이었음은 명확한 기록을 통해 확인된다. 당시엔 기독교인 수가 전체 국민의 1.5%에 불과하던 때였다. 최초의 근대학교를 세워 새로운 교육을 시행하면서 수많은 인재와 독립운동가들을 길러낸 것도 교회였다. 또한 나라가 전쟁으로 황폐화되었을 때에 수많은 교육 시설과 병원, 돌봄 시설을 재건한 것도 교회였다.

섬에 갇힌 한센인을 찾아가 돌보고 길거리의 노숙자들을 먹이고 입혀 사람답게 만들고 가난한 시골 마을 아이들에게 책과 선생님을 보내는 일에 다른 어떤 종교인들보다 열심을 낸 것도 교회였다. 교회는 병과 가난과 무지로 고통받는 이들의 영혼을 구원하는 사역뿐 아니라 그들의 환경을 회복시키는 사역도 함께 전개하며 한 사람의 인생뿐 아니라 한 나라를 새롭게 만들어나갔다.

그것이 한국교회의 자랑스러운 역사이며 사명감을 가지고 이어가야 할 전통이다. 이제는 한국교회가 가장 잘 할 수 있는 영역을 찾아 거기서부터 공교회성을 실현해나가야 한다. 그것이 저출생의 늪에서 허덕이며 도탄에 빠져드는 조국을 구하고 교회 스스로도 세상을 위한 빛과 소금으로 거듭나는 길이다.

> 이같이 너희 빛을 사람 앞에 비취게 하여 저희로 너희 착한 행실을 보고 하늘에 계신 너희 아버지께 영광을 돌리게 하라
>
> 마태복음 5:16 (개역한글)

첫 번째 제언 : 한국교회가 가장 잘할 수 있는 일

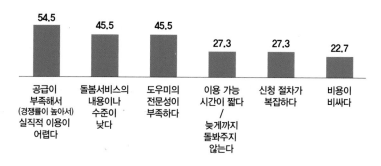

공공돌봄서비스 불만족 이유

(공공 돌봄서비스 불만족자, nm22, %)

54.5	45.5	45.5	27.3	27.3	22.7
공급이 부족해서 (경쟁률이 높아서) 실직적 이용이 어렵다	돌봄서비스의 내용이나 수준이 낮다	도우미의 전문성이 부족하다	이용 가능 시간이 짧다 / 늦게까지 돌봐주지 않는다	신청 절차가 복잡하다	비용이 비싸다

교회 돌봄사역에 관한 조사, 지앤컴리서치, 2021

그렇다면 어디서부터 시작해야 할까? 저출생 문제 극복에 있어서 한국교회가 가장 잘 할 수 있는 일이란 무엇일까? 아동 돌봄과 보육에 주목해야 한다. 누가 시킨 것도 아닌데 교회를 다니는 수많은 여성 청년들은 유아교육과에 진학하고 보육교사 자격증을 취득한다. 박봉에 과다한 업무량으로 잘 알려진 3D 업종임에도 매년 보육 인력이 부족함 없이 공급되는 까닭은 한국교회 여성 청년들이 이 일을 좋아하고, 또 이 직업을 선택하기 때문이라고 생각한다.

1915년 기독교 학교였던 이화학당에 유아교육과가 설립된 이래로 대한민국 보육과 돌봄의 근간은 기독교인들이 지켜왔다. 기독교 청년들은 너무나 당연하다는 듯이 이 어려운 일들을 도맡아 왔고 그 근무 환경이 초기 부자집 아이들을 가르치는 고급 시설에서 전쟁과 극심한 가난 속에서 대량으로 양산된 헐벗은 아이들을 돌보는 열악한 시설로 바뀌어 갈 때에도 그 소명의식을 잃어버리지 않았다. 모두가 어렵고 힘들던 시절에 기독교인들은 아이를 사랑하는 자신들의 마음이 진심임을 증명해 보였다.

그렇기 때문에 부모들 또한 기독교 돌봄 시설에 자신의 아이를 맡기는 일에 주저하지 않았다. 2012년 보건복지부가 전국 2500가구를 대상으로 조사한 어린이집 만족도 조사에서 종교계 어린이집은 직장 어린이집과 부모 협동 어린이집에 이어 가장 높은 만족도를 보였다. 위의 두 어린이집이 전체의 2%에 불과하며 사내 복지 차원에서 운영되는 특별한 시설임을 고려할 때 매우 높은 수치임을 알 수 있다. 그리고 종교계 어린이집의 대다수를 차지하는 것은 개신교계 어린이집이다.(불교, 천주교의 2배 가량)

직접적인 종교 교육을 행하지 않는(행할 수 없는) 종교계 돌봄 시설이지만 그에 대한 사회적 신망은 두터운 편이다. 반면 매년마다 기하급수적으로 증설되고 있는 공공 돌봄시설에 대한 만족도는 생각보다 낮은 편이다. 공급의 부족(54%)은 숫자를 늘림으로써 해소될 수 있겠으나 돌봄서비스 내용과 수준의 부족함(45.5%), 도우미들의 전문성 부족(45.5%)에 대한 불만족은 숫자에 비례하여 늘어갈 수밖에 없다. 정부가 모든 것을 치밀하게 관리하기에는 공무 수행의 한계가 있기 때문이다.

만족도보다 더 큰 문제는 절대수 또한 여전히 부족하다는 점이다. 정부가 공공 돌봄시설을 50% 이상으로 확충하는 목표를 세우고 이를 달성하더라도 아이들의 수기 계속해서 줄고 있기 때문에 사설 어린이집은 그만큼 많이 사라져간다. 결국 수요와 공급의 시장 원리에 따라 시설 개수가 조정될 것인데 이는 결코 저출생을 극복할만한 숫자라고 볼 수 없다. 도서산간 지역을 비롯한 돌봄 사각지대는 계속해서 방치될 것이며 여유 시설들을 바탕으로 한 24시간 돌봄 체재의 구축도 요원한 일이 될 것이다. 그리고 이와 같은 공간과 시간의 사각지대는 맞벌이 가정에 '나한테 피치 못할 일이 생기면 우리 아이를 돌볼 수 없게 된다'는 돌봄 불안감을 남겨 돌봄의 안정화를 통해 저출생을 극복한다는 현재의 돌봄 전략이 작동할 수 없게 만든다.

그러나 만일 도서지역을 비롯한 전국 각지에 이미 돌봄을 위한 시설과 인력이 충전되어 있고, 그 시설과 인력이 사용자들로부터 충분한 신뢰를 받고 있으며, 그런 시설과 인력을 어느 때든 꺼내 쓸 수 있다고 가정한다면 어떤 결과가 나올까? 출생률에 전환점을 가져올 충분한 계기가 될 것이며 이와 같은 돌봄 시스템을 십 년 동안만 가동한다면 대한민국 출산문화의 분위기는 확연히 달라질 것이다. 동화나 성경의 이야기 속에나 나오는 미리부터 완전무결하게 준비되어 있던 돌봄 시설과 인력은 바로 전국에 산재한 5만여 개 한국교회다.

먼저 한국교회가 이렇게 각지에 산발적으로 자리 잡게 된 원인을 이야기하고자 한다. 한국교회는 중앙 관제나 합리적인 개연성을 바탕으로 설립되지 않는다. 개교회성과 종파적 다양성을 일차적인 원인으로 해서 잘 모르는 이들에게는 마구잡이에 가까워 보이는 형태로 지어진다. (그러나 믿는 자들의 견해에 따르면 각 교회는 기도와 영감에 의해 설립된다. 그리고 정해진 어느 순간에 그 교회가 바로 그곳에 지어져야 했던 이유가 밝혀질 것이다) 그저 그곳에 사는 사람이 있었기에 교회가 지어지고 그 다음에는 온 정성을 다해 가꾸고 꾸며진다. 우리는 자신의 방에서 기어 다니는 바퀴벌레는 아무렇지도 않게 여기는 한 목회자 가정이 교회당만큼은 매일같이 정성스레 쓸고 닦아 청결하게 유지하는 모습을 본 적이 있다.

평생동안 사람을 섬기겠다고 신 앞에서 결연히 서약한 목회자들 중에서도 악한 길로 빠지는 이들이 있을지도 모른다. 그러나 이는 세상과 비교해보면 극히 미미한 비율이다. 교회를 섬기는 이들만큼 잘 준비된 돌봄 인력을 다른 곳에서 구하기란 아마도 불가능에 가까울 것이다. 결론적으로 말하자면 대한민국은 이미 도서 지역을 비롯한 전국 각지에 안정적으로 가동할 수 있는 돌봄 시설을 5만여 개나 가지고 있는 셈이다. 다시 한번 말하지만 그 양과 질은 현재 대한민국의 출생률에 유의미한 변곡점을 만들 수 있는 수준이다.

물론 이것은 아직 현실화된 계획이 아니고 한국교회 전체의 동의를 얻은 것 또한 아니다. 그러나 단지 상상에 그칠 이야기가 아닌 것 또한 분명하다. 먼저 당위성에 있어서 그렇다. 이것이 무슨 일이 있더라도 반드시 행해야 할 일이라는 점에서 한국교회의 동참은 가정된 것이 아니라 이미 예고된 것이다. 두 번째로 가능성에 있어서 그렇다. 이것은 우리가 충분히 행할 수 있는 일이다. 현재 5만여 한국교회가 돌봄시설로 활용되지 못하고 있는 까닭은 제반 법이 존재하지 않았기 때문이다. 그러나 현재 법이 제정되고 있다. 2024년 8월 현재, 종교시설을 0~3세 돌봄에 활용하는 법안이 약 40만명의 서명을 받아 입법청원에 들어갔으며 현재 김회재 국회의원이 관련법 개정 발의를 준비 중인 것이다.

4부

초저출생의 시대 살아가기

지난 세기 이전까지 생존은 그리 멋지고 훌륭한 것이 아니었다. 덧없고 무의미한 삶을 구차하게 살아가느니 차라리 죽는 것이 낫다는 것이 지배 계층의 철학과 미학이었을 뿐 아니라 세간의 인식이기도 했다. 그러나 무슨 이유에서인지 작가와 예술가들이 생존의 숭고한 아름다움에 대해 이야기하기 시작했고 끝까지 살아남는 것이 이기는 것이라는 말이 유행하기도 했다. 그렇다고 결사적인 의지의 비장한 아름다움이 사라진 것은 아니다. 김훈의 소설 '남한산성'에서는 삶에 대한 이 두 가지 가치, 또는 두 가지 태도가 맞부딪치는 장면들이 묘사되고 있다.

2017년 김난도 교수가 현대 사회를 각자도생의 사회라고 언급한 이래, 이 단어는 많은 사람들의 마음에 파고 들었다. 더 이상 엄혹한 한겨울의 산성에 마주 앉아 시퍼런 칼날 앞에 당면한 삶과 죽음을 논하는 이들은 존재하지 않음에도 각자도생, 생존이란 단어가 마음을 파고 들어온 건 어떤 까닭일까?

우리가 볼 때 현대인들의 마음에 파고든 생존이란 단어의 뜻은 벅차고, 힘에 겹고, 무의미한 삶을 견디는 것이다. 오늘날의 사람들은 대부분 그렇게 살아가고 있다. 그래서 사람들에게 '저출생 극복을 위해 힘을 모읍시다', '나라를 살립시다'라고 이야기할 때 사뭇 조심스럽고 죄송스러워지기까지 한다. 그러나 누군가가 반드시 이 말을 해야 한다. 벅차고 힘에 겹고 무의미한 삶을 충만하고 조화롭고 유의미한 삶으로 바꾸어내려면 생존 이상의 것이 필요하기 때문이다. 우리는 현재를 극복해야만 한다. 바로 그것이 국가 공동체를 살리고 각자의 삶을 구원하는 길이라고 믿는다.

　각자도생이라는 단어의 또다른 의미는 공공성의 파괴다. 세상이 고도로 조직화되고 전세계가 하나로 연결되는 시점에 나온 단어라 역설적으로 느껴진다. 물질사회는 점점 더 통합화되어가고 있으며 정부의 정책도 세련화되는 중이다. 우리 정부가 역사적으로 복지 정책을 가장 잘 구현한 시기는 바로 오늘, 어제보다는 오늘이라고 답해야 할 것이다. 그럼에도 각자도생이라니? 각자도생, '각자 살길을 도모하라'는 이 말이 겨냥하는 바는 현대 사회의 체제나 연락망이 아닐 것이다. 각자도생의 살벌한 풍경이 펼쳐지고 있는 곳은 사람의 마음속이다. 사람 각자의 마음이 극심한 공격을 받아 각개 격파되고 있는 와중인데 연합전선의 형성은 아직도 요원한 것이다. 이제는 정말로 우리 모두가 뭉쳐야 할 시기가 아닐까? 우리가 각자의 삶 속에서 공공성을 회복해야만 계속해서 이 땅에 살아가고 뿌리내릴 희망을 품을 수 있지 않을까?

지난 세기, 한국인의 삶은 극복해야 할 역경 속에 있었다. 가난과 맞서 싸워야 했고 세계 자본시장에서 살아남아야 했다. 그 어려움이 너무나 커서 문제를 극복하려는 노력 자체가 삶의 이유가 되었다.

이와 같은 시대적 분위기에 처음으로 회의감을 가져온 것은 IMF 사태 당시가 아니었나 싶다. 물론 당시에도 난관을 돌파하려는 국민적 에너지가 결집하기는 했다. 그러나 정말로 최선을 다해 열심히 살았음에도 쓰디쓴 결과를 맞이하게 된다면 그 심정에 무언가 변화가 생기기 마련이다.

사회적 안전망이 부실함을 알면서도 구조조정의 칼날을 가혹하게 휘둘러야 했던 당시의 경영진들을 비롯한 사회적 리더 계층에게도 트라우마가 심겨졌다. '국민들이 더이상 아이를 안 낳는 것은 고용 불안 때문이다.' '집값이 치솟았기 때문이다' '제도적 지원이 부족하기 때문이다' 이는 물론 이치에 맞는 분석이다. IMF 사태 당시 급격하게 낮아진 출산율이 이를 증명한다.

하지만 그렇게 일면적으로만 분석해서는 오늘날 저출생 현상의 심화를 이해하기 어렵게 된다. 때로는 결핍이 살아갈 힘이 되어주고, 충족이 절망으로 이어지기도 한다는 역설, 왜 선진국은 출산율이 낮고

제3세계에 속한 나라는 높은가에 대한 숙고도 함께 진행되어야 한다. 가시적으로 드러나는 제도적 미비를 바로잡으려는 노력만큼이나 중요한 것이 우리가 사는 있는 그대로의 세계를 보다 잘 이해하려는 노력이다.

저출생 원인에 대한 생물학적 견해

동물원의 사자나 호랑이군에서는 부모가 자식을 잡아먹는 식자증 현상이 종종 일어난다.
전문가들은 이를 부모가 새끼를 키울 여건이 되지 않는다고 판단한 결과라고 설명한다.
사진은 2019년 라이프치히 동물원에서 자신이 낳은 새끼를 잡아먹는 어미 사자 키갈리
(출처: https://www.20min.ch/story/loewin-kigali-hat-ihre-beiden-jungen-gefressen-115628949150)

대한민국을 대표하는 생물학자이자 유명 유튜버 크리에이터이기도 한 최재천 교수는 몇 년 전 그의 유튜브 채널에서 오늘날의 저출산 현상에 대한 진화론적 고찰을 했다. 그 고찰은 다음과 같이 매우 파격적으로 표현된다.

'지금 대한민국 사회에서 아이를 낳는 사람은 바보입니다'

   – 최재천 교수

진화생태론자인 최재천 교수가 보기에 한국의 저출생은 불리한 양육 환경에 대한 진화적 적응이다. 따라서 번식 욕구를 주체 못해 무분별하게 아이를 낳는 개체는 진화과정에서 도태될만한 바보라는 논지다. 확실히 자연에서는 불안정한 상황에 처한 동물들이 번식을 조절하기도 하고 심지어 낳은 새끼를 먹어 치우는 일이 일어나기도 한다. 그렇다면 저출생의 원인은 분명하다. 도저히 출산을 할 만한 환경이 아니기 때문이다.

과연 21세기 대한민국은 그 정도로 아이를 낳아 기르기에 불리한 환경일까? 둥지를 구하지 못한 새는 알을 낳지 않는다고 하지만 거주 문제가 그만큼이나 심각한 것일까? 그 여부를 따지기 앞서 굳이 최재천 교수가 위에서와 같이 자극적인 문구를 사용하게 된 까닭을 생각해보고자 한다. 그는 젊은이들을 위해 우리 사회가 갱신되어야 한다고 생각하는 입장이다. 바로 지금이 우리 사회, 나아가 인류 전체가 혼자 잘사는 길에서 공생의 길로 생태적 전환을 시도해야 할 시점이라고 여기기 때문이다.

저출생 원인에 대한 경제학적 견해

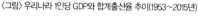

〈그림〉 우리나라 1인당 GDP와 합계출산율 추이(1953~2015년)

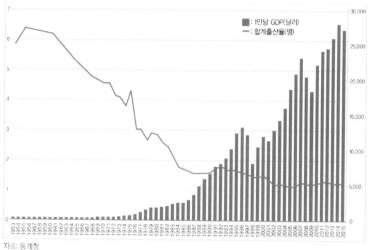

자료: 통계청

우리나라 1인당 GDP와 합계출산율 추이(1953~2015년)

　전통적 경제학에서도 저출생은 불안정한 출산 양육 환경과 상관관계를 가진다. 맬서스 인구론에 따르면 사람들은 식량 생산량이 충분해질 때까지 결혼과 출산을 미루게 되어 있다. 그러나 과연 그런가? 사실 저출생은 선진국에서 일어나는 현상이다. 저개발국보다 신흥개도국이, 신흥개도국보다는 선진국이 낮은 출산율을 기록한다. 이같은 현상은 대한민국의 1인당 GDP와 합계출산율의 추이를 기록한 지료에서도 분명히 드러난다.

　미국 시카고대의 개리 베커(Garry Becker) 교수는 이처럼 경제 상황이 좋아질수록 아이를 낳지 않는 현상에 대한 이론적 연구를 진행했다.

그에 따르면 부모들이 갖는 출산 욕구는 그저 많은 수의 아이들을 낳기를 원하는 것이 아니라 자질과 능력이 뛰어난 아이를 낳기를 원하는데 초점이 맞춰져 있다. 그 목적을 이루는데 드는 비용과 자신들의 경제적 여건을 비교 검토하는 과정 역시 필수불가결하다.

그런데 자녀의 자질을 높이는 것은 낳은 자녀의 숫자가 아니라 부모의 소득수준이다. 따라서 훌륭한 자식을 원하는 부모는 소득이 늘었을 때, 둘째를 낳기보다 첫째에게 자신의 늘어난 소득을 투자하는 방법을 선택하게 된다. 이것이 소득수준이 높을수록 출산율이 낮아지는 이유다.

베커의 이론을 바탕으로 오늘날 한국 저출생 현상에 대해 '저출산의 경제학'이라는 제목의 보고서를 작성한 송헌재 서울시립대교수는 보고서의 결론부에서 중요한 제언을 던진다. 출산장려금 지급 등으로 부모의 소득수준을 높여도 출산율을 정체되거나 더욱 떨어진다. 그보다 비용을 줄이는데 집중해야 한다. 양육비용이 획기적으로 낮아지면 출산율을 높일 수 있다는 것이 송헌재 교수의 주장이다.

유니버스 25 실험

1968년 미국의 동물행동학자인 존 B. 칼훈 박사는 쥐들의 집단 사회를 연구하기 위한 목적으로 유니버스 25 실험을 진행했다. 미국의 한 농장에 최대 3300마리의 쥐를 수용할 수 있는 가로, 세로 2.7m, 높이 1.4m의 실험장이 쥐들을 위한 소우주로 마련되었다. 중앙에는 커다란 광장이 있고 4면의 벽에는 원룸 형태의 거주공간이 있었다. 이 소우주는 최적의 온도와 청결한 위생상태로 관리되었으며 고양이와 같은 천적이 없고 물과 먹이가 상시적으로 공급되었다. 그 어떤 스트레스를 받을 일이 없는 유토피아와 같은 환경이었다.

미국의 동물행동학자 존 B. 칼훈과 그가 진행한 The Universe 25 실험

이 유토피아에 투입된 쥐 한쌍은 곧 최고의 번식조건 아래 빠른 속도로 개체수를 늘려갔다. 그런데 315일 째 되는 날 660마리로 불어난 쥐들은 이후로 출산율의 감소 현상을 보이기 시작한다. 쥐들은 번식 대신 서로를 공격하며 물어뜯기 시작했고 가족을 돌보지 않고 자신을 가꾸는 데에만 시간을 쏟았다.

극소수의 알파메일(우두머리 수컷) 쥐들이 암컷을 독차지하는 한편, 싸움에서 진 수컷들은 암컷과 새끼들을 공격했고 암컷들 또한 자신이 낳은 새끼를 돌보지 않았다. 한편에서는 동성애를 하는 쥐들까지 등장했다. 600일째 되는 날, 마침내 2200마리의 쥐들은 번식을 완전히 멈췄고 1500일째 되는 날에는 개체수가 100마리 대로 떨어지면서 실험이 중단되었다.

이 기괴한 실험은 당시의 많은 사람들에게 두려움을 안겼고 우리 모두가 추구해야 할 가치가 환경적 풍요와 안정만이 아니라는 사실을 새삼 상기시켰다. 먹이와 주거 문제가 해결되어 경쟁이 불필요한 상황에서도 쥐들은 서로 경쟁하며 우열을 나누려고 했다. 혹 지금의 대한민국 사회에서 그와 비슷한 일이 일어나고 있지는 않은가? 먹고사는 문제의 해결이 지상과제였던 20세기 산업화 시대를 지나온 우리를 불시에 습격한 것은 지나치게 경쟁적인 체제에 대한 피로감과 여기서 낙오된 이들을 실의에 빠뜨린 상대적 빈곤감이었다.

가족의 해체

사전적인 의미에서 가족은 부부를 중심으로 한 친족관계 집단을 일 컫는다. 혼인이나 혈연으로 맺어진 관계는 물론 입양으로 맺어진 관 계도 가족이라 칭해진다. 그러나 최근에는 이 같은 사전적 의미만으 로 가족을 정의하기가 곤란해진 것이 사실이다. 오늘날의 사람들이 가족에 대해 고민하고 그에 대해 정의 내리기를 어려워하는 까닭은 이제 가족은 더 이상 자연스럽게 주어지는 삶의 선물이 아니기 때문 이다.

가족과 가정의 해체에 대한 논의가 시작된 것은 근대 산업화 시기 인구의 도시 이동 당시부터이다. 핵가족화가 빠른 속도로 진행되어 원래 세대 중심으로 구성돼 있던 가족이 가정의 최소단위인 부부 중 심으로 재구성되었다. 지난날의 전통적인 가정에 비해 소수화된 가 정에서는 구성원 간 갈등이 빈번히 일어났고 이를 조정하고 포용해줄 만한 조부모 세대의 경험과 권위가 미치지 못했다.

본래 아이는 태어나면서 자연히 어머니와 아버지를 만나게 된다. 이와 같은 부자, 부녀관계가 인간이 맺는 최초의 사회적 관계다. 그러나 사실상 우리들은 이 관계 맺기에 너무나도 미숙하다. 아버지와 아들, 어머니와 딸 간의 관계 맺기는 무한정한 애정만으로는 충분치 않다. 그렇기에 윗세대의 경험과 전통이 존중될 필요가 있다.

그런데 오늘날에는 기성세대가 경험적으로 쌓아온 가치체계가 지나치게 폄하되고 있다. 그 결과가 핵가족마저 분열되어 부부관계와 부자, 부녀 관계가 갈라지고 가족이 근본적으로 해체되고 있는 현상으로 나타나고 있다.

전통적인 가부장적 권위의 추락으로 인한 후유증은 가족의 해체 외에도 우리 사회 곳곳에서 나타나고 있다. 곳곳에서 결코 메우지 못할 분열이 일어나고(이 시대의 사회적 분열 현상은 민주적 의사결정의 과정으로서가 아니라 혐오와 갈등 자체를 조장하기 위한 목적으로 나타나고 있다) 젊은이들은 허무와 세속적 가치의 늪에 빠진다. 한편으로는 젊은이들 사이에서 아버지 권위의 대체재를 요구하는 현상도 일어난다. 캐나다의 임상심리학자로서 SNS상에서 보수주의적인 주장을 던지는 조던 피터슨과 같이 이들이 수많은 추종자를 거느리며 권위를 얻고 있는 것이다.

동시에 전통적인 가족이 분열되고 해체된 현실 속에서 대체 가족도 유행하고 있다. 젊은이들은 상처만 주고받는 원래 가족을 떠나 이해관계나 방향성이 맞는 이들과 살아가고자 한다. 이와 같은 대체 가족의 이야기를 감동적으로 표현하는 콘텐츠도 계속 만들어지고 있다. 일본 영화감독 고레에다 히로카즈의 영화가 대표적이다. 그러나 정말로 대체 가족이 진짜 가족을 말 그대로 '대신'할 수 있을까? 과연 가족이란 한 사람의 영혼에서 완전히 떼어내고 새로 접붙일 수 있는 종류의 것일까?

정치적 올바름에 반대하는 보수적 가치를 주장하여
전세계 2030 남성들의 열렬한 지지를 얻은 조던 피터슨

일본 영화 '어느가족' 이미지. 이 영화의 감독인
고레에다 히로카즈의 대체가족 테마가 완연히 드러난 영화다

1인 가구

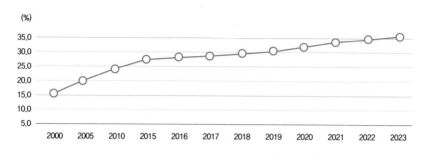

2000~2023년 1인가구 비율 (출처: 통계청)

가족이 해체되면서 새로운 가구 형태가 보편화되었다. 1인 가구가 그것이다. 1인 가구(家口), 문제 그대로 풀어 쓰자면 먹고 살아야 할 입이 하나뿐인 집이라는 뜻이다. 법리상에서는 1명이 단독으로 생계를 유지하고 있는 생활 단위를 의미한다.(건강가정기본법 제3조 제2호의2)

대체로 1인 가구는 결혼이나 출산 등 가족 구성을 유예하고 있는 가구 형태라 할 수 있다. 1인 가구가 곧 비혼주의자라고 보기엔 그 수가 너무 많기 때문이다. 통계청에 따르면 2023년 1인 가구는 전체 가구의 35.5%에 해당한다. 1인가구 비율은 2000년 15.5%%에서 계속해서 증가해왔고 지금도 증가하고 있다.

이처럼 1인 가구가 급격하게 증가한 것은 그만큼 가족 구성을 유예하고 있는 젊은이들이 많다는 반증이기도 하다. 자신이 보기에 연봉이나 주거 등 경제적인 여건이 충분히 안정화되지 못했기에 당분간 혼자 사는 길을 선택한 이들이 많다고 보는 것이 타당하다. 실제로 2023년 1인 가구의 연평균 소득과 보유 자산은 전체 가구 평균의 절반에도 못 미치는 것으로 나타났다.

1인 가구를 너무 무겁게 생각할 필요는 없다. 당분간 혼자 사는 일은 우스꽝스러운 일이 아니며, 절망적인 고독인 것도 아니다. (물론 피치 못할 사정을 가진 독신자나 사별자, 은둔과 고립 유형 등 사회적 대응이 필요한 1인 가구도 있다) 그러나 이 같은 유예기간이 길어질수록 1인 가구는 고착화될 공산이 크다. 결혼과 출산 등은 생애주기와 연관이 깊어 시기를 놓칠수록 점점 더 실현하기가 어려워지기 때문이다. 미디어에서도 나 혼자 사는 삶의 형태를 부추긴다. 미디어에서 표현되는 1인가구 라이프스타일은 전보다 쾌적하고 덜 외로워졌다. 요즘 사람들에게는 인터넷과 게임 등 혼자서도 즐길거리가 충분하다.

20세기를 살았던 중장년층은 젊은이들이 결혼과 출산을 회피하는 이유는 그들이 너무 똑똑해졌기 때문이라고 말하곤 한다. 인터넷이 없던 시절에는 결혼이나 출산이라는 사건을 직시하고 비교 분석해볼 만한 지식과 정보가 부족했다. 요즘 젊은이들은 결혼과 출산이 자신의 인생을 어떻게 뒤바꾸어 놓을 수 있는지를 총체적으로 살펴본다. 먼저는 부모 세대의 이력을 살펴서 평가해보고, 이어서 주변인들의 성공과 실패 사례를 검토해본다. 자신이 결혼과 출산을 선택할 경우에 포기해야 하는 기회비용도 면밀히 따져본다. 영화나 드라마와 같이 자신의 부족한 상상력을 보충해줄 문화 콘텐츠도 수없이 존재한다.

젊은이들은 미래를 짐작하려 하고 그래서 결과적으로 두려워하고 불안해한다. 때가 차면 무작정 결혼하고, 함께 살다보면 자연스레 아이가 생겼던 과거 세대의 사람들로서는 1인가구로서 혼자 살고 있는 이들의 두려움이 한편으로 이해가 가면서도 안타깝게 느껴질 수밖에 없다.

저성장

학자들이 우리 시대를 각자도생, 생존의 시대라 규정하게 된 이유를 단 한 단어로 말하라고 한다면 아마도 저성장을 꼽아야 할 것이다. 1999년 11.5%로 마지막 10%대 경제성장률을 기록하고, 2010년 7%로 마지막 5%대 성장률을 기록한 대한민국은 이제 3% 밑의 성장률이 자연스러운 형국이다.

한국경제학회장을 지낸 조장옥 서강대 경제학부 명예교수는 이론으로 보나, 경제사적인 증거로 보나 저성장은 우리의 숙명이고 빠르게 발전해온 나라들의 숙명이라고 말한다. 뿐만 아니라 IMF가 지적하고 있듯 금융위기 이후 전세계의 잠재성장률이 지속적으로 하락하고 있다. 생산 가능인구가 감소하고 기술혁신의 경제에 대한 영향력도 낮아지고 있기 때문이다.

어떻게 보아도 무리해서 경제개발을 진행하는 것보다 관리유지를 기조로 가져가는 것이 중요한 시대가 되었다. 정치인들과 경영자들은 구조조정과 산업 재편으로 저성장 시대의 경제를 안정화시키고 미래 성장동력을 강구해야 한다. 앞으로 대한민국이 나아가야 할 길은 이미 정해진 것처럼 보인다.

그러나 국민 개개인의 삶의 관점에서 보자면 현상 유지를 반길만한 이들은 많지 않을 것이다. 어느 정도 경제적 안정을 이룬 기성세대라면 몰라도 집과 같은 재산을 장만해야 하고 아이도 낳아 기르고자 하는 젊은이들에게 저성장 시대는 지독한 괴로움이 아닐 수 없다. 그날 벌어 그날 먹고 살기에 급급한 저성장 시대는 개개인의 희망이 좌절되는 시대인 것이다.

그렇기에 젊은이들은 혼자 살고, 아이도 낳지 않는 길을 현상 유지의 방법론으로 채택했다. 현재 직장이나 벌이 수준으로 볼 때 혼자 사는 것 이상을 기대할 수 없다는 것이다. 이와 같은 현상 유지가 구차해 보인다고 해도 어쩔 수 없다. 살다 보면 그저 생존하기만을 바라야 하는 시기도 있기 마련이다. 문제는 그 이후다. 과연 젊은이들에게는 새로운 미래가 찾아올 것인가? 우리 대한민국 사회는 그 미래를 어떤 모양으로 준비해야 할까? 오늘도 주 안에서 고민이 깊어만 간다.

종교를 가진 이들의 성향

그러나 가족 해체, 1인 가구, 저성장의 시대에도 여전히 사람들은 결혼과 출산에 대해 많은 고민을 한다. 특히 이를 매우 중대하게 생각해 삶의 목표로 삼는 집단군이 있다. 바로 종교를 가진 이들이다.

물론 종교를 가지고 있는 사람들 전부가 자신의 생애 속에서 결혼과 출산을 계획하지는 않을 것이다. 결혼과 출산을 부정적으로 여기는 이들 또한 있을 수 있다. 그럼에도 종교를 가진 이들의 성향 자체에는 일반 시민들과 변별되는 특징들이 나타난다.

2022년 CTS기독교TV와 CTS다음세대운동본부의 의뢰를 받아 ㈜지앤컴리서치가 전국 총 3000명의 29~49세 남녀(개신교인 1000명, 가톨릭 500명, 불교 500명, 종교없음 1000명)를 대상으로 설문조사한 '출산에 관한 종교인별 인식 조사 결과 보고서'에 따르면 종교를 가진 이들은 종교가 없는 이들에 비해 출산과 결혼에 대한 의향이 보다 큼을 알 수 있다.

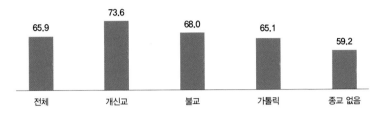

결혼 의향율 (약간 있다 + 매우 있다 + 미혼자 대상)
(출처: CTS다음세대운동본부)

종교인 중에서도 특히 개신교인이 결혼과 자녀계획에 적극적이다. 이는 결혼과 출산에 대한 교회의 가르침에 크게 영향을 받은 것으로 나타났다. 생육하고 번성하라는 성경의 말씀을 삶의 기조로 삼는 것이 바로 개신교인들이다.

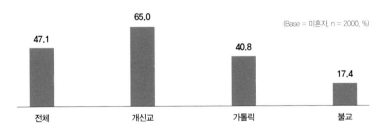

종교의 결혼과 가정에 대한 강조 정도 (어느정도 강조 + 매우 강조, 종요인 대상)

이제 한국교회와 목회자들 사이에서는 교인을 향한 설교 이상의 사역이 요구된다는 분위기가 고조되고 있다. 성경 말씀에 반하는 사고의식이 사회에 만연하고 온 나라에 저출생에 대한 위기감이 팽배한 상황이 한국교회가 품고 있는 문제의식이다. 2024년 사단법인 행복한 출생 든든한미래가 전국의 한국교회 담임목사 500명을 대상으로 조사한 교회 돌봄 사역 실태 및 인식조사에 따르면 영유아 돌봄 사역에 참여하고자 하는 목회자들의 의지가 매우 강한 것으로 나타났다. 비록 현재는 주중 영유아 돌봄시설을 운영중인 교회가 전체의 4.8%에 불과하지만 향후 돌봄 사역에 참여하고자 하는 목회자들의 적극적인 동의 의사와 의지가 확인된 것이다.

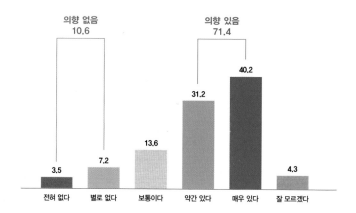

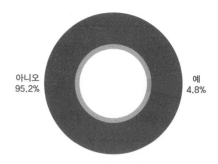

교회 사역자의 돌봄 사역 참여의사 조사
(저출산고령사회위원회 '결혼 · 출산 · 양육 인식조사 연구')

종교적인 삶의 사례들

종교적인 삶은 헌신한다. 종교적인 삶은 자신의 삶을 스스로의 것으로 여기기보다 잠시 맡아서 관리하는 사명의 대상으로 여긴다. 바로 그것이 민주적 자유와는 개념 자체가 다른 종교적인 자유다.

종교인들, 특히 개신교인들은 자신의 삶 속에서 그 자유를 실현하고자 노력한다. 그렇기에 결혼과 출산에 대한 수많은 환경적 제약과 미래의 불투명성, 그리고 출산을 미련한 짓 취급하는 사회적 분위기에도 불구하고 이들은 의연히 앞으로 나아간다. 이 단락에서는 잠시 실제 우리 사회 곳곳에서 종교적인 삶을 실천하고 있는 기독교인들의 모습을 묘사해보고자 한다.

1) 기독교인 영커플

코로나 팬데믹이 한창이던 지난 2021년 결혼한 이신원, 최진실 커플. 교회에서 만난 두 사람은 결혼 당시 스물여덟 살 동갑내기였다. 오늘날 20대 나이는 결혼하기에 꽤나 이른 나이가 되었지만 최진실 씨는 가급적 빨리 결혼하고 싶었던 이유에 대해 이렇게 말한다.

> "나이가 들면 들수록 더 상대방의 재력 등 세상적인 기준에 맞춰서 상대를 보게 되는 거예요. 그래서 점점 더 결혼하기가 어려워지는 거예요. 재력이나 부모님이 뭐 하시는지를 군이 봐야 하나 (싶었어요)"

코로나 당시에 치러진 두 사람의 결혼식에는 하객들이 많이 모이지 않았다. 그러나 이제 부부가 된 두 사람은 예물이나 하객 숫자 같은 것에 조금도 마음을 쓰지 않았다. 결혼 당시 두 사람은 아이도 꼭 세 명 이상 낳아 예쁘게 기를 것이라고 말했다.

2) 만혼 부부

한동대학교 상담심리사회복지학부의 명예교수이자 사역자이기도 한 유장춘 목사와 박은희 사모. 두 사람은 2010년 포항 반곡리에 있는 한적한 시골마을에 내려와 네 분의 부모님에서부터 손자들에 이르는 4대에 이르는 모든 가족을 데려왔다. 세속적인 성공보다는 신앙에 기반한 공동체적 삶을 살고자 했기 때문이다.

두 부부가 함께 한지도 벌써 긴 시간이 흘렀건만 사랑과 우애는 점점 더 깊어져 갔다. 유장춘 목사님은 젊었을 적 첫만남과 결혼에 대해 이렇게 술회한다.

> "처음 만났을 때 아내는 8시간만에 (결혼을) 결심하고 나는 나가기 전 이미 결심을 하고 나갔어요. 그럴 수 있었던 건 결혼이라는 게 사랑하려고 하는 건데 거기에 다른 어떤 이유가 끼어들 수 없다고 생각했어요"

결혼을 결심함에 있어서 사회적 조건은커녕 성격이나 외모조차 따지지 않았다. 그저 결혼을 사랑하기 위한 방법으로 생각했을 뿐이다.

Falling in love가 아닌 Building love를 추구해온 두 사람. 평생 동안 그 사랑의 농도는 더욱 진하고 깊어져갔다.

3) 여섯 아이가 자라는 가정

의정부에 사는 이수정, 장성우 부부도 신실한 기독교인이다. 두 사람은 여섯 아이를 키운다. 심지어 여섯 명 모두 학교에 가지 않는다. 부부는 아이들을 교육하기 위한 수단으로 홈스쿨링이라는 방법을 선택했다. 홈스쿨링은 몇몇 가정이 모여 한 가정이 한 과목 수업을 맡아 아이들을 가르치는 방식의 기독교 교육 프로그램이다. 교육비가 적게 들고, 커리큘럼이 자유로우며, 다양한 과목들을 학습할 수 있고 무엇보다 아이들이 지나친 경쟁에 치일 필요가 없다는 것이 홈스쿨링의 장점이다.

그런데 여섯 아이라니, 비록 엄마가 전업주부라지만 과연 감당할 수 있을까? 이수정 씨는 하나둘 키울 때가 가장 힘들었다고 말한다. 그러나 먼저 태어난 아이와 크면서 엄마의 양육 부담을 함께 짊어져 주었다. 아이를 보살피는 건 결코 부모님만의 몫이 아니다.

4) 주사랑공동체의 목사님

마지막으로 뉴스와 다큐 등을 통해 잘 알려진 주사랑공동체를 운영하는 이종락 목사님에 대한 이야기를 나누고자 한다. 주사랑공동체는 서울 관악구의 높은 언덕 위에 있는 버려진 아이들을 돌보는 교회다.

2009년 베이비박스를 처음으로 설치하여 그때부터 어린 미혼모들의 유기된 아기를 받아내었다.

이종락 목사님에게는 33년 생애 전체를 전신마비로 침상에서 보낸 아들이 있었다. 그 아들은 지난 2019년 소천했다. 그러나 이종락 목사님이 추억하는 건 아들을 잃은 슬픔이 아닌 아들과 함께 했던 지난 순간들의 기쁨에 대한 것이다. 함께 할 가족이 있다는 건 큰 축복이고 선물이다. 그들이 언젠가 우리 곁을 떠난다할지라도 우리가 기억해야 할 사실은 그것 하나뿐이다.

이종락 목사님은 1999년부터 지금까지 장애를 안고 태어난 수많은 아이들을 아들딸로 입양해 성심을 다해 키우고 보살폈다. 그중에는 고작 수년을 살고 천국으로 떠난 아이들도 적지 않다. 목사님은 그 당시를 생각하며 눈시울을 붉힌다.

> "6년을 키웠는데 어느 날 아침에 그냥 숨을 거둔거야. 입관 예배
> 할 때도 그 얼굴이 천사야. 그렇게 예쁜 아이는 지금까지 보지 못했
> 어요. 얼굴이 환하게 그 정말 꼭… 편안하게 자는 것처럼… 그때 얼
> 마나 눈물이 났는지 몰라요"

물론 이종락 목사님의 사례는 종교적인 삶에 온전히 바쳐진 사역자의 사례로서, 보통의 사람들이 참조하기 힘든 삶의 방식이다. 그러나 대안 가족에 대한 종교인의 편협성을 지적하는 이들에게 한 번쯤 꼭 들려주고 싶은 사례이기도 하다.

두 번째 제언 : 종교적인 삶은 연합한다

지난 9월, 추석 연휴를 앞두고 전국민들이 의료대란을 우려하고 있을 때 야당의 이재명 대표는 엉뚱하게도 정치가도, 의료인도 아닌 종교인을 찾아갔다. 이재명 대표가 보기에 의료대란이란 물질 문제가 아닌 생명 문제이므로 종교계의 웃어른들이 나서준다면 갈등이 완화될 것이라는 의도였다. 기실 수많은 사회적 갈등와 구조적 문제들의 심층으로 들어가 보면 결국 그것이 인간 본질과 연관된 문제라는 걸 알게 된다. 그리고 이 문제에 대한 전문가 집단이 바로 종교인들이다.

대한민국이 저출생 문제와 싸워온 지도 벌써 십수 년이 흘렀지만 아직까지 우리는 이 문제의 원인조차 제대로 파악해내지 못했다. 고작해야 대한민국 저출생 문제는 매우 광범위하고 복합적인 원인이 있다고 이야기할 수 있을 뿐이다. 정부 관계자들은 저출생 극복을 위해 정말로 많은 일들을 하고 있다. 그러나 아직까지는 대한민국이라는 나라의 중요한 정신적 구심점 중 하나인 종교와 연합해 무언가를 해보려는 의지가 다소 부족해 보인다.

2024년 11월, 저출생대책국민운동본부와 사단법인 행복한출생 든든한미래는 인요한 국회의원과 함께 종교시설을 아동돌봄에 활용할 수 있는 기반을 마련하기 위해 관련 법률을 검토하는 공청회를 가질 예정이다. 이와 같은 소통의 기회가 점점 더 많아져야 한다. 종교는 단지 사람이 많이 모인 집단의 이름이 아니다. 21세기 현대 사회에서도 종교가 수행할 수 있고, 수행해야만 하는 사회적 역할은 너무나 많고 크다. 그중에서도 공교회성 회복에 대한 간절하면서도 엄중한 소명의식을 지니고 있는 한국교회의 역할이 중하나.

21세기 대한민국은 분열의 시대를 겪고 있다. 개개인이 자신의 정치적 성향이나 경제 여건에 따라, 세대와 성별의 차이에 따라 서로를 극도로 미워해 상대방이 없어져 주기만을 바라고 있다. 이 같은 미움과 갈등 속에서 모든 이들이 점점 더 외로워지고 있다. 눈에 보이는 이익을 쫓고 물질사회의 허상에 현혹되다 보니 어느새 옆에 있는 사람이 보이지 않게 된 것이다.

반대로 종교적인 삶은 내 옆에 있는 이와 나와 다른 이를 사랑하고 용납하기를 원하고 연합하려고 한다. 바로 이것이 종교적인 삶이 세상을 바꾸어가는 방식이다. 종교적인 삶을 사는 이들은 누군가를 감화하고 동조하고 연대하여 하나로 만들어 그들이 기존에 살던 삶의 모습을 바꾸어가게 만든다.

현재 만연한 저출생 문제에 대해서도 마찬가지다. 앞서 우리는 저출생 극복의 대안적 방법론으로 종교 시설을 활용한 영유아 돌봄을 이야기했다. 우리가 이 방법론만큼이나 중요하게 생각하는 것은 믿는 자들이 갖는 고유한 힘인 정신적 파급력이다. 우리는 교회가 대한민국 전역에서 돌봄을 행하면 그 모습을 마주 대하는 사회 각계에서도 점차적으로 변화가 시작될 것이라고 믿는다. 아이를 돌보는 일이 얼마나 숭고하고 세상을 희망차게 만들며, 사람들을 아름답게 만들어주는가를 교회가 먼저 성심을 다해 돌봄으로써 세상에 증거할 것이다.

이는 물론 사람들에게 추상적으로 들릴, 증명하기 어려운 보이지 않는 영역에 대한 언급이다. 따라서 그 기대와 믿음에 대한 논의는 다음 기회로 미뤄두기로 한다. 이어지는 다음 권에서는 저출생 문제의 외연을 넓혀, 외국에서는 저출생이 어떤 문제를 일으키고 있고, 또 그

나라는 저출생에 맞서 어떤 싸움을 벌이고 있는지를 꼼꼼히 확인해보려고 한다.

이미 저출생은 대한민국만의 문제가 아니다. 그러나 대한민국은 전 세계에서 가장 낮은 출생지표를 기록하고 있으며 앞으로 가장 심대한 저출생 타격을 받을 것으로 예상되는 나라다. 따라서 다른 어떤 나라보다 많은 노력을 기울여서 각국의 사례를 연구 조사하고 교훈과 적용점을 찾아가야 한다.

1권 국내편의 잠정적인 결론인 '종교시설을 통한 돌봄과 이를 통한 저출생 극복'의 테마는 다음 권에서도 계속된다. 2권 세계 편에서도 각국의 종교와 종교시설의 활용이 어떻게 그 나라의 저출생 상황에 전환점을 가져왔는지를 담아내었다. 이밖에도 각국의 다양한 저출생 정책과 대응 노력들을 상세하게 기술하여 참고할 수 있도록 했다. 이 책이 부디 연구자들을 비롯한 저출생 극복을 위해 오늘도 고군분투하는 정책 관계자들에게 작은 도움이 되기를 바란다.

	1970	1971	1972	1973	1974	1975	1976	1977	1978	1979
합계출산율	4.53	4.54	4.12	4.07	3.77	3.43	3.00	2.99	2.64	2.90

	1980	1981	1982	1983	1984	1985	1986	1987	1988	1989
합계출산율	2.82	2.57	2.39	2.06	1.74	1.66	1.58	1.53	1.55	1.56

	1990	1991	1992	1993	1994	1995	1996	1997	1998	1999
합계출산율	1.57	1.71	1.76	1.65	1.66	1.63	1.57	1.54	1.46	1.43

	2000	2001	2002	2003	2004	2005	2006	2007	2008	2009
합계출산율	1.48	1.31	1.18	1.19	1.16	1.09	1.13	1.26	1.19	1.15

	2010	2011	2012	2013	2014	2015	2016	2017	2018	2019
합계출산율	1.23	1.24	1.30	1.19	1.21	1.24	1.17	1.05	0.98	0.92

	2020	2021	2022	2023						
합계출산율	0.84	0.81	0.78	0.72						

1970~2023년 합계출산율 도표
합계출산율: 가임기 여성(15-49세) 1명이 가임기간(15-49세) 동안
낳을 것으로 예상되는 평균 출생아 수.
(출처: 통계청, 「인구동향조사」)

단행본

『CTS 기독교 TV 25년사』. (CTS, 2020).

Heckman, James J. 『Giving Kids a Fair Chance』. (MIT Press, 2017)

토마스 로버트 맬서스 『인구론』 (동서문화사, 2016)

『한국민족문화대백과사전』 (한국정신문화연구원, 1991)

진경선 『저출산의 심리적 요인- 저출산 원인의 심리학적 요인 분석을 중심으로』
      (집문당 (아산재단 연구총서), 2019)

윤대인, 이명구 『저출산 탈출 대책과 하브루타 격대 교육』 (메이킹북스, 2023)

해리 덴트 『2018 인구 절벽이 온다 - 소비, 노동, 투자하는 사람들이 사라진 세상』
      (청림출판, 2015)

마스다 히로야. 『지방소멸 - 인구감소로 연쇄붕괴하는 도시와 지방의 생존전략』
      (와이즈베리출판, 2015).

김현호, 이제연 외 1명 『국가위기 대응을 위한 지방소멸 방지전력의 개발』 (한국지
      방행정연구원, 2021)

전영수, 『각자도생 사회 - 어설픈 책임 대신 내 행복 채우는 저성장 시대의 대표
      생존 키워드』. (블랙피쉬, 2020)

논문 및 칼럼

『조기 투자의 효율성 제고』에 관한 좌담회
(육아정책연구소, 2019)

웹진 담談 115호 '조선의 출산문화' (한국국학진흥원, 2023)

저출산 극복을 위한 자녀 양육 환경 개선 방안 (신윤정 등, 2014)

저출산 대응을 위한 보육정책 현황과 과제 (김은정, 2014)

한국 저출산정책의 패러다임 전환? 제3차 저출산고령사회 기본 계획의 탐색
(김명희, 2017)

저출산 · 고령사회기본계획의 주요 내용과 향후 과제 (변수정 · 황남희, 2018)

[긴급좌담회] 제4차 저출산 · 고령사회 기본계획 진단과 평가 (참여연대 편집부,
2021)

지방소멸, 왜 문제인가 (차미숙, 2023)

지방소멸시대의 인구감소 위기 극복방안 : 지역경제 선순환 메커니즘을 중심으로
(경제,인문사회연구소, 2022)

발간물

제1차 저출산 · 고령사회기본계획 (대한민국정부)

제2차 저출산 · 고령사회기본계획 (대한민국정부)

제3차 저출산 · 고령사회기본계획 (대한민국정부)

제4차 저출산 · 고령사회기본계획 (대한민국정부)

저출산 인식조사 : 보고서 (저출산고령사회위원회, 2023)

CTS다음세대운동본부 출범 자료집 "한국교회 부모되어 다음세대 세워가자 (CTS
다음세대운동본부, 2021)

2022 대한민국 다음세대 희망 프로젝트 심포지엄 (CTS다음세대운동본부, 2022)

2022 대한민국 아동 돌봄정책 제안서 (CTS다음세대운동본부, 2022)

2022 대한민국 정보교육 정책 제안서 (스마트교육재단 EDU, 2022)

4차산업혁명시대 미래교육 SW 먀교육과 다음세대 (스마트교육재단 EDU, 2022)

2022 저출생대책국민운동본부 출범식 (저출생대책국민운동본부, 2022)

대한민국의 미래를 위한 국회포럼 (저출생대책국민운동본부, 2022)

저출생국인운동본부 저출생 대책 세미나 (저출생대책국민운동본부, 2023)

저출생 시대 아동돌봄정책 국회포럼 (저출생대책국민운동본부, 2023)

저출생 시대, 아동돌봄에서 길을 찾다 (저출생대책국민운동본부, 2023)

초저출생시대 아동돌봄을 위한 대안적 돌봄시설 구축방안 국회토론회 (저출생대
　　책국민운동본부, 2023)

기독교 대안학교에 대한 목회자 및 학부모 인식 조사 결과 보고서 (CTS기독교
　　TV, 2021)

교회의 돌봄사역에 관한 조사 결과 보고서 (CTS다음세대운동본부, 2021)

출산에 관한 종교인별 인식 조사 결과 보고서 (CTS다음세대운동본부, 2022)

기사

[쉽게 풀어쓴 경제사] 흥부 아이들은 모두 어른이 됐을까 (매일경제, 07.9.4)

2003 딩크족 둘만의 행복, 나만의 삶을 위해 (주간한국, 03.10.10)

지자체 저출생 반등 해법 '출산'서 '육아'로 중심 이동 (머니투데이 24.7.18)

"물질주의-경쟁 심화로 잃어버린 삶의 의미, 종교로 되찾을 수 있어"… 북달 랍
　　비 인터뷰 (동아일보 24.6.22)

'아이 낳으면 1억 원?' 한국 저출생, 기업까지 나섰다(BBC뉴스코리아, 24.2.28.)

부영그룹, 출산장려금 1억 파격 지원 등 저출산 해결 앞장 (빅터뉴스, 24.2.5)

'인구절벽' 유독 심한 동아시아 국가들, 왜 그럴까 (한겨레, 2023)

'나는 절로' 묘장스님, 커플 상담 A/S까지 하는 이유[이수지의 종교in] (뉴시스,
　　24.9.21)

프란치스코 교황 '아이 대신 동물 키우는 것은 이기적' (BBC뉴스코리아, 22.1.6)

방송

EBS 창사특집 '조앤 윌리엄스와의 대화 - 와! 대한민국 완전히 망했네요' (EBS,
　　2024)

'포스트코로나 시대 가족 문화진단 - 회복, 가족을 말하다' (GOODTV, 2022)

(책 내용에 출처를 적은 참고자료는 제외함)